Dein Licht der Liebe

Cherry Media

Selbstliebe

Dein Licht der Liebe

Selbstliebe

Selbstzweifel überwinden, Selbstwertgefühl steigern und die Kunst sich selbst zu lieben + 10 Praxis-Tipps für mehr Selbstbewusstsein in Beruf und Alltag

Ein Buch von: **Monika Weidlich - Kolnhofer**

Impressum:

Originale Erstauflage

Erschienen im Cherry Media Verlag

Alle Rechte, insbesondere Verwertung und Vertrieb der Texte, Tabellen und Grafiken, vorbehalten.

Impressum:

Cherry Media GmbH

Bräugasse 9

94469 Deggendorf

Für weitere Informationen: info@cherrymedia.de

Inhaltsverzeichnis

Vorwort

Sie kennen das vielleicht: Irgendein kleiner Makel macht Sie so unzufrieden, dass Sie sich im Beisein anderer Menschen unwohl und gehemmt fühlen. In der Öffentlichkeit sind Sie also gewissermaßen die kleine graue Maus, die kaum von anderen wahrgenommen wird. In den meisten Fällen handelt es sich bei diesem scheinbaren Makel lediglich um Kleinigkeiten, die anderen Menschen oft gar nicht auffallen. Beispielsweise ein Muttermal im Gesicht. Oder ein kleiner Sprachfehler, der auf andere sogar sympathisch wirken mag. Oder Sie sind schlicht und ergreifend übertrieben nervös im Gespräch mit anderen Menschen – erst recht, wenn Sie ein Referat oder eine Präsentation vor Publikum halten sollen. Umso größer ist die Gefahr, dass Sie sich verhaspeln und vor den anderen blamieren. Geschieht das, verstärkt das natürlich Ihre Angst vor ähnlichen Situationen in der Zukunft und verschlimmert Ihr Problem nur.

Der Grund für diese Ängste und Selbstzweifel ist oft schlicht und ergreifend ein Mangel an Selbstliebe, also die Fähigkeit, sich selbst mit all Ihren Stärken, Schwächen und vermeintlichen Mängeln anzunehmen und zu lieben.

Die Gründe für diesen Mangel an Selbstliebe können vielfältig sein. Vielleicht wurden Sie als Kind in der Schule wegen des vermeintlichen Schönheitsfehlers oder wegen schlechter Leistungen in einem bestimmten Fach gehänselt. Möglicherweise reicht das Problem sogar zurück bis ins Elternhaus: Etwa wenn Sie das Gefühl hatten, dass Ihre Geschwister ständig bevorzugt wurden, und Sie immer hinten anstehen mussten. Oder Sie sind überbehütet aufgewachsen, durften nichts

selbst ausprobieren und auch keinerlei Risiken eingehen, was für Kinder insofern wichtig ist, da sie dabei
lernen, ihre eigenen Grenzen besser einzuschätzen.
Damit haben Ihre Eltern sowohl Ihr Selbstvertrauen als
auch Ihr Selbstbewusstsein – wenn auch ungewollt –
massiv untergraben. Oder Sie haben als Jugendlicher
oder Erwachsener eine traumatische Situation erlebt,
die Sie bis zum heutigen Tag geprägt hat.

Natürlich können Sie die Vergangenheit nicht mehr
ändern. Wenn Sie sich aber dessen bewusst machen,
dass es sehr wohl Gründe für den Mangel an Selbstbewusstsein, Selbstvertrauen und Selbstliebe gibt, können
Sie an einer besseren persönlichen Zukunft für sich arbeiten. Denn es gibt sehr wohl gute und bewährte Methoden zur Stärkung der Selbstliebe. Auf den folgenden
Seiten erfahren Sie, wie Sie das schaffen.

Bitte wundern Sie sich nicht darüber, dass wir Sie
im Folgenden per Du ansprechen. Das hat einen
Grund: Bei der Stärkung der Selbstliebe handelt es sich
um ein sehr persönliches Thema. Dabei wirkt das „Sie"
zu distanziert, weshalb eine Anrede auf persönlicherer
Ebene die bessere Wahl, da Erfolg versprechender ist.

Selbstbewusstsein und Selbstvertrauen als Grundvoraussetzung für die Selbstliebe

Die absolute Grundvoraussetzung für Selbstliebe sind Selbstbewusstsein und Selbstvertrauen. Du musst also zunächst einmal erkennen, wer Du bist. Und Du musst Dich selbst als jenen Menschen akzeptieren. Schließlich hat jeder Mensch seine ganz eigenen Schwächen, das gilt auch für jene unter uns, die nach außen hin vor Selbstbewusstsein scheinbar nur so strotzen. Denn wie jeder andere Mensch bist auch Du einzigartig. Werde Dir also zunächst einmal bewusst, wo Deine Stärken und Schwächen liegen, dann kannst Du auch damit beginnen, an beidem zu arbeiten. Das heißt, es kann Dir gelingen, Deine Schwächen auszugleichen und die positiven Seiten an Dir noch stärker hervorzuheben.

Selbstbewusstsein hängt also, ganz unabhängig von Deiner beruflichen Situation oder Deinem sozialen Status, sehr stark mit Selbstliebe zusammen. Denn auch wenn Du beispielsweise im Supermarkt an der Kasse arbeitest, kannst Du Dich selbst nach außen hin so selbstbewusst präsentieren wie der Manager eines großen Konzerns – vorausgesetzt, Du akzeptierst Dich so, wie Du bist. Denn Selbstbewusstsein hängt ganz sicher nicht von materiellen Dingen wie etwa einer Villa am Strand oder einem teuren Luxusauto ab. Im Gegenteil, Du hast derartige Statussymbole gar nicht nötig, wenn Du selbstbewusst bist. Genauso wenig musst Du Dich in der Öffentlichkeit hinter einer Maske verstecken. Schließlich überzeugst Du Deine Mitmenschen mit Deinem Charakter, Deinem Charme und Deiner Persönlichkeit, nicht aber mit weltlichen Dingen.

Näher betrachtet, sind nämlich genau jene Menschen, die ihr Umfeld mit materiellen Dingen beeindrucken wollen, diejenigen mit einem äußerst gering ausgeprägten Selbstbewusstsein. Das wiederum kompensieren sie mit Geld und Statussymbolen. Das ist auch der Grund dafür, dass sich Menschen in der Midlife-Crisis teure Statussymbole zulegen: Sie wollen damit davon ablenken, dass sie nicht mehr jung sind und das Alter schon die eine oder andere Spur hinterlassen hat. Auf derartige Dinge kann ein selbstbewusster Mensch verzichten, weil er seine Mitmenschen durch Eigenschaften wie Lebensfreude, Humor oder Ehrlichkeit von sich einnimmt.

Genau das musst Du zunächst einmal erkennen, um mehr Selbstbewusstsein zu entwickeln.

Selbstbewusstsein ist übrigens keine typisch menschliche Eigenschaft, sondern lässt sich auch in der Tierwelt beobachten. So zeigen Hunde beispielsweise mit einem stolz aufgerichteten Schwanz, dass sie selbstbewusst sind. Im Rudel nehmen Tiere mit einem geringen Selbstbewusstsein niedere Ränge ein und dürfen etwa erst als Letzte zum Futter. Schwierigkeiten gibt es aber bei einem Hund mit geringem Selbstbewusstsein auch in der Sozialisierung, weil sie keine so enge Bindung zu ihren Menschen eingehen können. Es kann sogar durchaus vorkommen, dass diese Tiere irgendwann unberechenbar werden und aus Angst zuschnappen.

In erster Linie bedeutet Selbstbewusstsein, dass Du Dich von Deinen Ängsten befreist. Der Grund: Ängste können dazu führen, dass Du in bestimmten Situationen scheiterst, was sich wiederum negativ auf Dein Selbstbewusstsein auswirkt. Die Angst entsteht aber nur in Deinem Kopf. Menschen, denen es gelungen ist, ihre Ängste zu überwinden, haben im Nachhinein festgestellt, dass die Situation, in der sie von Ängsten bestimmt waren, im Grunde genommen nicht einmal allzu schlimm war. Denn sobald es Dir gelungen ist, eine Angst zu überwinden, verschwindet diese, während sich Dein Selbstbewusstsein stärkt.

Eine wichtige Voraussetzung dafür, dass Du eine Angst überwinden kannst, besteht allerdings darin, dass Du zunächst einmal ergründest, woher die Ängste kommen. Die Überwindung von Ängsten ist insofern wichtig, da sich die Ängste im Lauf des Lebens immer weiter verstärken.

Es gilt also herauszufinden, wovor Du Angst hast, das kannst Du ruhig auf einer Liste aufschreiben. Dabei musst Du Dir gegenüber jedoch absolut ehrlich und schonungslos sein und auch wirklich alle Ängste auflisten. Ganz gleich, ob es sich um Angst vor Dunkelheit, Angst vor Spinnen oder Ähnliches handelt. Sobald Du die Liste erstellt hast, überlegst Du im nächsten Schritt, woher diese Ängste wohl kommen und wie Du sie überwinden könntest. Das kann Dir beispielsweise dadurch gelingen, dass Du beim nächsten Mal eine Spinne fängst, die irgendwo in der Wohnung sitzt. Du wirst merken, dass es einfacher ist, weitere Ängste zu überwinden, wenn es Dir bei einer Angst bereits gelungen ist. Dabei kannst Du ruhig mit der Angst beginnen, die am schwächsten ausgeprägt ist. In jedem Fall ist es wichtig, dass Du offensiv gegen die Ängste vorgehst, weil sie nicht von selbst verschwinden werden.

Mit dem richtigen Mindset stärkst Du nicht nur Dein Selbstbewusstsein, sondern wirst auch erfolgreich, da Erfolg mit Selbstbewusstsein Hand in Hand geht.

Das bedeutet, dass Du Dein Mindset für alle Facetten des Lebens neu definieren solltest. Mach Dir klar, welche Erfolge Du im Beruf und im zwischenmenschlichen Bereich erreicht hast, trenne dich von alten Denkmustern und schlage neue Wege ein. Jedoch musst Du dabei stets am Ball bleiben. Schließlich bedeutet das Leben eine stete Veränderung, weshalb Du auch Dein Mindset kontinuierlich weiterentwickeln musst.

Du solltest aktiv auf Neues zugehen und Dich auf Herausforderungen freuen, ohne dabei aber überhastet vorzugehen oder ungeduldig zu Dir selbst zu sein. Lass Dich also von Rückschlägen nicht entmutigen, sondern motiviere Dich und sei auch stolz darauf, wenn Du kleine Etappen geschafft hast.

Sollte Dir etwas unmöglich erscheinen, lauf keinesfalls davon. Stelle Dich der Herausforderung und tritt ihr erhobenen Hauptes entgegen. Vergiss aber nicht, ehrlich zu Dir selbst zu sein. Denn der Erfolg stellt sich nur in kleinen Schritten ein, weshalb Du keinesfalls von heute auf morgen einen Marathon laufen kannst, wenn Du Dein Mindset auf sportlichen Erfolg programmierst.

Wege zu einem glücklichen Leben

Grundsätzlich hat jeder Mensch Erwartungen an sich selbst und an seine Mitmenschen. Werden diese Erwartungen ständig enttäuscht, hat das einen Grund. So kann es gut sein, dass Deine Erwartungen schlicht und ergreifend zu hoch sind. Du solltest also gründlich überlegen, wie Du Deine Erwartungen verändern solltest, was aber nicht heißt, dass Du sie auf ein tieferes Niveau herunter schraubst. Viel wichtiger ist es, dass Du Deine Erwartungen neu formulierst. Beispielsweise hast Du die Möglichkeit, beruflich aufzusteigen, indem du fleißig arbeitest und dich engagierst. Deine aktuelle Arbeitssituation kannst Du etwa Schritt für Schritt verbessern, indem Du regelmäßig an Fortbildungen teilnimmst. Ferner solltest Du Dir realistische Ziele setzen und diese ebenso konsequent definieren, wie Du sie dann auch einhältst.

Stellt sich trotz der veränderten Erwartungen keine merkliche Verbesserung ein, solltest Du vielleicht Deine Umgebung ändern. Denn wenn Du Dich trotz aller Anstrengungen beispielsweise nicht beruflich verbessern kannst, solltest Du vielleicht darüber nachdenken, den Arbeitsplatz zu wechseln.

Beschwerst Du Dich über Jahre hinweg darüber, dass Du zu schlecht bezahlt wirst und in Deinem Job heillos unterfordert bist, machst Du Dich über kurz oder lang in Deinem persönlichen Umfeld nämlich nur lächerlich. Auch wenn Du in Deiner Beziehung unglücklich bist und sich trotz aller Anstrengungen nichts ändert, solltest Du besser einen klaren Schnitt machen. Brich also aus Deinem Leben aus und ändere Dein Umfeld und Deine Umgebung. Vor diesem Schritt brauchst Du auch keine Angst zu haben, weil es doch im Grunde nur besser werden kann. Du bist jetzt in diesem Moment unglücklich, jede Veränderung kann also nur ein Schritt dahingehend sein, dass die Zukunft besser wird.

Möglicherweise liegt der Grund für Deine Unzufriedenheit aber auch an Dir selbst und nicht an Deinen Erwartungen oder am Umfeld. Nun musst Du zu Dir selbst gnadenlos ehrlich sein. Mangelnder beruflicher Erfolg könnte nämlich auch schlicht daran liegen, dass Du zu wenig Engagement zeigst und Dich nicht durch eigene Ideen profilierst. Stress in der Beziehung hingegen kann auch darauf zurückzuführen sein, dass Du zu wenig kompromissbereit bist oder keine Nähe zulässt.

Was bedeutet Selbstvertrauen?

Bei Selbstvertrauen handelt es sich um eine Eigenschaft, die der Mensch größtenteils in der frühkindlichen Entwicklung bis zum fünften Lebensjahr antrainiert und erwirbt. Im Vordergrund steht dabei das Vertrauen in die persönliche Umwelt und in sich selbst. Geprägt wird das Selbstvertrauen des Menschen einerseits durch die Erziehung, andererseits aber auch durch persönlichen Erlebnisse in dieser Zeit. Dabei spielen neben der Erziehung und dem sozialen Umfeld auch Glaubenssätze und Religion eine wichtige Rolle. Selbstvertrauen entwickelt sich unter anderem dadurch, dass die Kinder in der Familie, aber auch in den Spielgruppen oder im Kindergarten akzeptiert werden. Werden Kinder dagegen schon von klein auf gemobbt, entwickelt sich das Selbstbewusstsein negativ.

Wer unter mangelndem Selbstvertrauen leidet, beruft sich gerne auf eine schlechte Kindheit. Allerdings tragen Eltern nicht die alleinige Schuld für die weitere Entwicklung ihres Kindes. Zumindest jedoch, haben Eltern und andere Erziehungsberechtigte einen maßgeblichen Einfluss darauf, wie sich das Selbstbewusstsein ihres Kindes entwickelt, weil Kinder in ihren ersten Lebensjahren unterbewusst das Verhaltensmuster ihrer Eltern übernehmen.

Das heißt: Wenn die Eltern nur ein geringes Selbstvertrauen und Selbstbewusstsein haben, wird das ganz automatisch auf ihre Kinder übertragen. Sind die Eltern übermäßig streng und weisen das Kind oft zurecht, knacksen sie auch damit das Selbstvertrauen des Kindes an, weil sich diese Zurechtweisungen tief im Kopf verankern. Oftmals entwickeln Kinder in diesem Fall Schuldgefühle, die sie bis ins hohe Lebensalter hinein verfolgen.

So lässt sich das Selbstvertrauen von Kindern stärken

Es ist ungemein wichtig, dass bereits Kinder Selbstbewusstsein und Selbstvertrauen aufbauen und stärken. Die Eltern können sie dabei ganz einfach unterstützen und nebenbei damit auch ihr eigenes Selbstvertrauen stärken. Wichtig ist dies insofern, als es den Kindern später im Erwachsenenalter umso leichter fällt, ein glückliches Leben zu führen, weil sie dieses besser gestalten können. Sie lassen sich nicht von ihren Schwächen ausbremsen, sondern akzeptieren diese als Teil von sich selbst.

Wird ein Kind hin zu Selbstbewusstsein erzogen, sagt es später seine Meinung deutlich und steht auch dahinter. Darüber hinaus ist ein selbstbewusstes Kind offen für Neuheiten und schließt rascher Freundschaften, weil es frei von jeglichen Vorurteilen auf andere zugeht. Aber auch für die Gesundheit sind Selbstvertrauen und Selbstbewusstsein wichtig. Der Grund: Zahlreiche Krankheiten wie Depressionen oder Burnout, unter welchen immer mehr Menschen leiden, könnten sich durch ein stärkeres Selbstvertrauen vermeiden lassen. Gleiches gilt auch für Angststörungen.

Weil sich ein Kind mit einem starken Selbstvertrauen nicht in Mutproben bewähren muss, ist auch die Gefahr geringer, dass es irgendwann auf die schiefe Bahn gerät oder zu Alkohol oder Drogen greift. Da ein selbstbewusster Mensch gelernt hat, zu gegebener Zeit auch „nein" zu sagen, läuft er auch weniger Gefahr, zum Opfer von Mobbing, Gewalttaten oder Missbrauch zu werden.

Eltern, die ihre Kinder zu Selbstbewusstsein erziehen, helfen ihnen also dabei, ein glückliches Leben zu führen, in welchem sie ihre Kreativität nutzen und eigene Ideen verwirklichen können. Und auch im sozialen Bereich haben Menschen mit einem gesunden Selbstbewusstsein erheblich weniger Probleme.

Wer sein Kind zu Selbstbewusstsein erziehen möchte, sollte in erster Linie gemeinsam mit ihm lachen, aber das Kind auf gar keinen Fall auslachen. Der Grund: Wird ein Mensch schon im Kindesalter permanent ausgelacht, traut es sich später mit ziemlicher Sicherheit nicht mehr, auszusprechen, was es denkt oder welche Ideen es hat.

Die Eltern sollten ihren Fokus vielmehr stets auf das Positive richten. Naturgemäß machen Kinder schlicht und ergreifend den einen oder anderen Fehler. Die Aufgabe der Eltern besteht darin, dass sie den Kindern zeigen, wie sie diese vermeiden können. Dabei machen viele Eltern den Fehler, dass sie stets auf negativen Dingen herumreiten. Keinesfalls sollten die Fehler und Schwächen des Kindes aber vor Dritten lächerlich gemacht werden.

Besser ist es, wenn die Eltern ihr Kind bedingungslos lieben und ihm täglich zeigen, dass sie stolz auf einen sind. Der willkommene Nebeneffekt: Die Eltern stärken damit auch ihr Selbstbewusstsein. Denn immerhin haben sie es geschafft, dieses Kind großzuziehen.

Ebenso wie Erwachsene, benötigen auch Kinder Achtsamkeit und Aufmerksamkeit. Während die Eltern mit dem Kind sprechen, sollte der Fernseher aus bleiben. Auch die Nutzung von Internet oder ein schnelles Telefonat auf dem Handy sind in so einer Situation absolut tabu.

Des Weiteren sollten Eltern ihren Kindern vermitteln, dass es durchaus O.K. ist, wenn sie einmal schwach sind. Schließlich gehören Kummer und auch Tränen zum Leben, was auch bereits Kinder lernen sollten. Seine Tränen muss niemand verstecken oder sich gar dafür schämen. Auch das stärkt das Selbstvertrauen. Gleiches gilt, wenn jemand einmal schlechte Laune hat. Jeder Mensch sollte die ganze Bandbreite seiner Gefühle zulassen dürfen.

Warum Hilfe wichtig ist

Ein weiterer Aspekt zur Stärkung des kindlichen Selbstvertrauens besteht darin, dass Eltern ihre Kinder mithelfen lassen und ihnen kleine Aufgaben übertragen. Selbstverständlich passiert dabei auch das ein oder andere Missgeschick, was die Eltern aber nicht tadeln sollten. Und nicht zuletzt sollten die Eltern ihre Kinder loben, wenn diese eine Aufgabe bewältigt haben.

Wichtig ist es außerdem, dass Eltern den Kindern beibringen, sich selbst Grenzen zu setzen. Denn es ist nicht schlimm, wenn sich jemand aus einer Situation zurückzieht, in der er sich nicht wohl fühlt. Das ist beim Umgang mit Menschen ebenso wie wenn es darum geht, etwas teilen zu müssen. Der Grund: Wer schon im Kindesalter lernt, dass er auch einmal „nein" sagen kann, und Grenzen setzt, lässt sich auch im späteren Leben nicht so einfach unterdrücken. Ein selbstbewusstes Kind wird im späteren Leben also kaum zu einem Opfer, welches von seinen Mitmenschen nur ausgenutzt wird.

Ein absolutes Tabu ist es, das eigene Kind anzulügen. Behaupten Eltern beispielsweise vor dem Besuch beim Zahnarzt, dass es gar nicht wehtun wird, und bekommen sie dann eine unangenehme Spritze, verlieren die Eltern rasch das Vertrauen des Kindes. Das bedeutet, dass das Kind auch später an der Ehrlichkeit seiner Eltern zweifelt.

Darüber hinaus sollten sich Eltern ihrer Vorbildfunktion bewusst sein und diese auch aktiv wahrnehmen. Eltern sollten also tunlichst vermeiden, jemanden auszulachen, ihn zu bevormunden, zu kommandieren oder zu bestrafen. Dadurch bewirkst Du, dass weder Deine Kinder noch Deine Mitmenschen Angst davor haben, in Deiner Gegenwart Fehler zu machen. Idealerweise solltest Du Deine Mitmenschen so behandeln, wie Du selbst auch behandelt werden möchtest, weil Du dadurch sympathisch wirkst. Andere Menschen wiederum lieben und schätzen sympathische Menschen, was wiederum zur Stärkung des Selbstbewusstseins beiträgt.

Darum zerstören Ängste das Selbstvertrauen

Du hast vor etwas Angst? Das behindert Dich und verhindert, dass Du etwas, das Du eigentlich schon lange machen wolltest, dann doch nicht machst. Gibst Du Deinen Ängsten ständig nach, nimmst Du dir also selbst die Chance darauf, neue Erfahrungen zu sammeln. So manches scheint natürlich im Vorfeld nicht zu überwinden zu sein. Ob Du derartige Situationen aber tatsächlich meistern kannst, erfährst Du erst, wenn Du es ausprobierst. Sehr oft entpuppen sich die Ängste im Vorfeld aber meist als absolut harmlos.

Besser ist es, wenn Du Dir die Angst bildlich vorstellst, beispielsweise in Form eines großen Steins, der wie eine Kette an Deinem Bein hängt. Nun hast Du die Chance, aktiv einzugreifen. Befreie Dich also von der Kette, wirf den Stein über Bord und gehe befreit weiter. Du wirst merken, dass Du Dich schon allein durch diese bildliche Vorstellung besser fühlen wirst. Denn Du stellst Dir vor, dass Deine Ängste nichts weiter sind als Ballast, den Du abwirfst. Dabei solltest Du aber tief in Dich hinein gehen und auch das Gefühl der Befreiung und der Leichtigkeit genießen, das Dich ergreift, sobald Du den Ballast abgeworfen hast. Dabei solltest Du Dich aber auch stets ermutigen, indem Du Dir sagst, dass Du alles schaffen kannst, was Du Dir vorgenommen hast.

Überzogenes Selbstbewusstsein – was ist das?

Bei überzogenem Selbstbewusstsein handelt es sich um das Gegenteil von mangelndem Selbstbewusstsein. Wer schüchtern ist und nur wenig Selbstvertrauen besitzt, fühlt sich klein und schwach. Menschen mit einem überzogenen Selbstbewusstsein dagegen, halten sich für unbesiegbar und denken, dass sie besser sind als alle anderen Menschen.

Keinesfalls steigerst Du Dein Selbstbewusstsein, wenn Du negative Erfahrungen auf andere Menschen umwälzt. Fühlst Du Dich unterdrückt, solltest Du also keinesfalls damit anfangen, andere Menschen zu unterdrücken. Mit Überlegenheit hat Selbstbewusstsein nämlich nicht das Geringste zu tun. Niemand sollte es nötig haben, sich vor anderen zu profilieren, damit er besser aussieht. Besser als andere klein zu machen, damit Du selbst größer dastehst, ist es, an den Stärken Deiner Mitmenschen zu wachsen.

Ebenso wenig haben ein großkotziger Auftritt oder eine große Klappe mit Selbstbewusstsein zu tun. Egoisten und Angeber sind nämlich in den seltensten Fällen auch wirklich selbstbewusst. Hinter dieser Fassade verstecken sie in aller Regel nur eine äußerst verletzliche Seele. Wer zu laut auftritt, will damit also meist nur verbergen, dass er in bestimmten Bereichen seine Defizite hat. Das hat aber nicht im Mindesten mit Selbstbewusstsein zu tun, sondern es handelt sich mit sehr großer Wahrscheinlichkeit nur um einen äußerst oberflächlichen Menschen.

Charakteristisch für Diktatoren, Tyrannen, Schwätzer und Unterdrücker ist, dass diese unter einem überzogenen Selbstbewusstsein leiden und Zeit ihres Lebens nicht gelernt haben, echtes Selbstvertrauen aufzubauen. Deshalb versuchen sie, ihre Mitmenschen und ihre Umgebung durch aggressives Verhalten und laute Töne zu beherrschen. Meist haben Menschen dieses Typs große Angst davor, dass jemand hinter ihre Kulisse blicken könnte, weil sich dahinter Sorgen und Ängste verbergen.

Von derartigen Menschen solltest Du Dich genauso wenig einschüchtern lassen, wie Du sie als Vorbild nehmen solltest. Ohnehin solltest Du Dich grundsätzlich nicht mit jemand anderem vergleichen, weil Du mit all Deinen Stärken, Schwächen und Fehlern einzigartig bist. Zwar treten andere Menschen in bestimmten Situationen möglicherweise stärker auf. Das bedeutet aber noch lange nicht, dass das auch für Dich der richtige Weg ist.

Bleib einfach aufrecht und sag Deine Meinung. Auch wenn Du mit Deinen Erfolgen glänzt, sollte das keinesfalls so geschehen, dass Du andere dadurch kleiner machst. Statt jemanden zu unterdrücken, streck Deine Hand aus und hilf einem strauchelnden Menschen. Damit beweist Du wahre Größe und zeigst, dass Du ein gesundes Selbstbewusstsein hast.

Auch die Oberflächlichkeit solltest Du vergessen, weil es letztlich auf die inneren Werte ankommt. Du solltest also lernen, auch dann selbstbewusst aufzutreten, wenn Du gerade keine perfekte Figur oder eine perfekt gestylte Frisur hast. Denn mit oberflächlichen Veränderungen kannst Du Dein Leben ganz gewiss nicht ändern, auch wenn Deine Umwelt diese positiv wahrnimmt. Allerdings kann auch jeder hinter Deine Fassade blicken. Und wenn die Masken erst einmal gefallen sind, bleibst nur Du selbst übrig. Möglicherweise wirst Du dann sogar als Betrüger entlarvt und Du erlebst einen Rückschlag, weil Du Dich daraufhin schlecht fühlst. Keinesfalls solltest Du also eine Rolle spielen, sondern besser Dein Mindset und das ganze Leben grundlegend ändern. Natürlich spricht nichts dagegen, dass Du gepflegt auftrittst, aber die Optik ist eben nicht alles. Viel wichtiger ist die Frage, ob Du Dich in Deiner Haut, mit all Deinen Ecken und Kanten, auch wirklich wohl fühlst. Spielst Du nämlich nur eine Rolle, besteht die große Gefahr, dass Du Dich irgendwann mit Dir selbst nicht mehr identifizieren kannst.

Wie lernst Du mit Hilfe von Mindset, dich selbst zu lieben?

Seit einiger Zeit ist der Begriff Mindset in aller Munde und wird als Schlüssel zum Erfolg angepriesen. Doch was bedeutet Mindset eigentlich? Im Grunde umschreibt der Begriff nichts weiter als die Denkweise, also die Art, wie Du Dein Denken auslegst und steuerst. Hinter diesem Begriff steckt also die Macht positiver Gedanken, was im Alltag aber nicht so leicht umzusetzen ist, weil der Blick durch die rosarote Brille oftmals keine Lösung bietet.

Der Begriff Mindset betrifft vielmehr deine innere Einstellung und mit welcher Haltung du gewissen Dingen gegenüberstehst. Wie du dich fühlst und dementsprechend handelst, liegt an Deinem Denken. Du solltest also grundsätzlich großen Wert darauf legen, dass Du Dein Mindset positiv ausrichtest. Dafür solltest Du Dir im ersten Schritt darüber klar werden, welche alten Denkmuster Du verändern möchtest oder solltest.

Wenn Du denkst, dass es sowieso nichts oder nicht gut gehen wird, bevor Du ein Vorhaben in Angriff nimmst, hast du schon einmal denkbar schlechte Voraussetzungen. Denn Positives zieht Positives ebenso an wie Negatives Negatives. Du solltest also damit anfangen, alles in Deinem Leben positiv zu formulieren.

Damit Du Dich von negativen Gedanken lösen kannst, musst Du diese erst einmal entdecken, bevor Du herausfindest, woher und warum diese kommen. Sehr oft stecken hinter diesen negativen Gedanken entsprechende Erfahrungen aus Deiner Vergangenheit. Hatte einmal eine ähnliche Situation einen negativen Ausgang für Dich, heißt das aber noch lange nicht, dass es auch in Zukunft so sein muss. Fasse diese Niederlagen aus der Vergangenheit also besser als eine Prüfung auf, die mit Deiner Zukunft rein gar nichts zu tun haben, dann kannst Du durch die Niederlagen aus der Vergangenheit auch wachsen.

Dein Mindset solltest Du dahingehend programmieren, dass du grundsätzlich alles schaffen kannst. Dabei musst Du Dir aber jederzeit im Klaren sein, dass Du Dir Deine Erfolge auch verdienen musst. Neben einer guten Vorbereitung sind auch ein entsprechender Einsatz und gegebenenfalls Training nötig. Des Weiteren solltest du nicht davor zurückschrecken, neue Herausforderungen anzunehmen, selbst wenn Du dafür hart arbeiten musst.

Nicht minder wichtig ist der richtige Umgang mit Niederlagen. Weder solltest Du eine Niederlage verleugnen noch diese verbergen. Steh dazu, allerdings nicht, ohne aus der Niederlage zu lernen. Denn jeder Fehler gibt Dir auch die Chance, dich zu verbessern. Bleibe also neugierig und wissbegierig und fasse Übungen und Training nicht als Anstrengung auf, sondern freue Dich darauf, etwas Neues lernen zu können.

Mit dem richtigen Mindset stärkst Du nicht nur Dein Selbstbewusstsein, Du gehst auch erfolgreicher durch das Leben. Denn die absolute Grundvoraussetzung für Erfolg ist, dass Du ein gesundes Selbstbewusstsein besitzt. Deshalb solltest Du Dein Mindset für alle Facetten des Lebens neu programmieren. Mach Dir Deine beruflichen Erfolge ebenso bewusst wie jene im zwischenmenschlichen Bereich sowie in der Liebe und stell sie Dir bildlich vor. Im nächsten Schritt solltest Du Dich von Deinen alten Denkmustern trennen und neue Wege gehen. Wichtig ist in diesem Zusammenhang, dass Du ständig an Dir arbeitest. Schließlich bedeutet das Leben Veränderungen, weshalb es auch gilt, das Mindset kontinuierlich weiterzuentwickeln und an neue Situationen anzupassen.

Das heißt, Du solltest auf Neues aktiv zugehen und Dich auf jede Herausforderung freuen. Sei dabei aber nicht ungeduldig mit Dir selbst und lass Dich nicht verunsichern, wenn Du einmal einen Rückschlag erlebst. Besser ist es, Du motivierst Dich selbst und sagst Dir, dass es mit jedem Tag besser wird. Natürlich darfst Du auch stolz auf Dich sein, wenn Du die eine oder andere kleine Etappe geschafft hast. Erscheint Dir etwas unmöglich, dann lauf nicht davon, sondern tritt dieser Herausforderung erhobenen Hauptes entgegen und stell dich ihr. Der Erfolg stellt sich nämlich stets nur in kleinen Schritten ein. Das heißt beispielsweise, dass Du von heute auf morgen ganz sicher keinen Marathon laufen kannst, nur weil Du Dein Mindset auf sportlichen Erfolg programmiert hast.

Was führt zu einem glücklichen Leben?

Wie jeder andere Mensch hast auch Du Deine Erwartungen an Dich selbst und an Deine Mitmenschen. Wenn Deine Erwartungen ständig enttäuscht werden, solltest Du Dich fragen, was der Grund dafür ist. Möglicherweise hast Du einfach zu hohe Erwartungen. Ebenso wenig, wie Du erwarten kannst, dass sich ein Blumentopf aus Keramik plötzlich in Gold verwandelt, kannst Du erwarten, dass Du von einem Job als Lagerist direkt ins gehobene Management befördert wirst. Ebenso wenig solltest Du erwarten, dass Du eine Fremdsprache innerhalb kürzester Zeit beherrschst, nachdem Du begonnen hast, diese zu erlernen.

Deshalb solltest Du Dir sehr gut überlegen, wie Du Deine Erwartungen verändern solltest. Umgekehrt solltest Du keinesfalls den Fehler machen, diese auf ein zu niedriges Niveau herunterzuschrauben. Denn es geht im Grunde nur darum, dass Du Deine Erwartungen realistisch neu formulierst und anpasst.

Der berufliche Aufstieg etwa gelingt Dir durch Fleiß und Engagement. Nutze die Chance, an Fortbildungen teilzunehmen, weil Du dadurch Deine berufliche Situation Schritt für Schritt verbesserst. Darüber hinaus solltest Du Dir stets nur realistische Ziele setzen, diese genau definieren und sie konsequent verfolgen.

Erkennst Du keine merkliche Verbesserung, wenn Du Deine Erwartungen veränderst, solltest Du vielleicht Deine Umgebung ändern. Kannst Du Dich etwa trotz aller Anstrengungen beruflich nicht verbessern, ist es vielleicht an der Zeit, dass Du Dich nach einem neuen Betätigungsfeld umsiehst. Denn Dich jeden Tag nur darüber zu ärgern, dass Du beruflich nicht weiter kommst, macht auch keinen Sinn. Irgendwann machst Du Dich nämlich lächerlich, wenn Du Dich jahrelang nur über Deinen Job ärgerst, aber selbst nichts an der Situation änderst.

Bist Du in Deiner Beziehung unglücklich und kannst diese trotz aller Anstrengungen nicht verbessern, ist ein klarer Schnitt oft die einzige Alternative. Brich aus und verändere Dein Umfeld und Deine Umgebung. Angst davor brauchst Du nicht zu haben, weil es eigentlich nur besser werden kann. Wenn Du unglücklich bist, ändere etwas. Das ist der erste Schritt in eine bessere Zukunft.

Möglicherweise liegt der Grund dafür, dass Deine Erwartungen nicht erfüllt werden, aber auch nicht an den Erwartungen an sich oder am Umfeld, sondern an Dir selbst. Hast Du diesen Punkt erreicht, ist gnadenlose Ehrlichkeit wichtig. Mangelnder beruflicher Erfolg liegt vielleicht daran, dass Du zu wenig Engagement zeigst. Möglicherweise bist Du ja lediglich ein Mitläufer, der keinerlei eigene Ideen einbringt. Vielleicht wird in Deiner Beziehung oftmals auch nur deshalb gestritten, weil Du zu wenig Nähe zulässt oder nicht in einem für Deinen Partner ausreichendes Maß kompromissbereit bist.

Helfen kann Dir dabei eine Liste, die Du Punkt für Punkt abarbeiten solltest. Dadurch findest Du den Grund heraus und findest auch einen Lösungsansatz. Bist du wirklich ehrlich zu Dir selbst, wirst Du nämlich feststellen, dass die Ursache in vielen Fällen Du selbst bist. Sobald Du das erkannt hast, hast Du einen wichtigen Schritt für eine Veränderung gemacht.

Du fragst Dich jetzt vielleicht, was Mindset und Selbstbewusstsein miteinander zu tun haben. Das ist allerdings ganz einfach erklärt: Wer positiv denkt, fühlt sich glücklich. Und ein zufriedener und glücklicher Mensch geht nun einmal selbstbewusster durchs Leben.

Charisma

Sicher kennst Du den einen oder anderen Menschen, mit dem die Sonne aufzugehen scheint, sobald er einen Raum betritt. Fast geht von derartigen Menschen eine magische Faszination aus, die andere in ihren Bann zieht. Und auch ansonsten scheinen diese Menschen vom Erfolg geradezu verfolgt zu werden, weil ihnen alles zu gelingen scheint und sie absolut zufrieden und rundum glücklich sind. Sie sind erfolgreich im Beruf, leben in einer glücklichen Beziehung und stehen in jeder Gesellschaft absolut im Mittelpunkt. Das hängt nicht unwesentlich vom Charisma ab.

Dieser Begriff beschreibt die Ausstrahlung eines Menschen und die Wirkung, die er auf andere hat. Charisma ist aber keinesfalls angeboren, sondern lässt sich sehr wohl trainieren. Im Grunde geht es nämlich lediglich um die Wahrnehmung Deiner Person durch andere Menschen. Typischerweise ist ein charismatischer Mensch Individualist. Er ist motiviert, inspiriert andere, beweist Intellekt und lacht viel. Arbeitest Du an Deinem Selbstwertgefühl und an Deiner Selbstliebe, wächst Deine charismatische Ausstrahlung ganz automatisch.

Jedoch zeichnet sich ein charismatischer Mensch noch durch weitere Eigenschaften aus. Willst Du charismatisch wirken, solltest Du nicht nur an Deinem selbstbewussten Auftreten arbeiten, sondern auch an Deiner Präsenz. Eine wesentliche Rolle spielen dabei auch Empathie, Mut und Körpersprache. Beweise also anderen gegenüber Dein Einfühlungsvermögen und versuche, hilfsbereit zu sein. Bleibe bescheiden und sei ehrlich und gerecht.

Weitere Merkmale, die eine charismatische Person auszeichnen, sind Verantwortungsbewusstsein und Zielstrebigkeit. Du solltest also versuchen, andere Menschen zu inspirieren und zu motivieren. Präsentiere Dich Deinen Mitmenschen mit einem offenen, aber dennoch festen Blick, einen charakterstarken Händedruck und mit einer offenen Haltung.

Präsenz zeigst Du Deinen Mitmenschen auch, wenn Du ein guter Zuhörer bist. Denn nichts ist für Deinen Gesprächspartner schlimmer, als wenn Du ganz woanders zu sein scheinst, während ihr miteinander sprecht. Wichtig ist ferner, dass Du Dich unter Kontrolle hast.

Demonstrierst Du nach außen hin innere Ruhe und sprichst mit fester Stimme, zeigt das nämlich eine große Wirkung auf deine Mitmenschen. Des Weiteren solltest Du auch an Deiner Rhetorik arbeiten.

Vermeide den Fehler, den viele andere machen: Verstelle Dich nicht. Denn mit Schauspielerei haben weder Selbstbewusstsein noch Charisma etwas zu tun. Anderen zu gefallen, solltest Du keinesfalls mit aller Gewalt anstreben, sondern stets authentisch bleiben. Denn damit Du auf andere sympathisch wirkst und sie mit Deiner Ausstrahlung überzeugst, musst Du nicht jedem gefallen und jedermanns Liebling sein. Mehr Charakterstärke zeigst Du nach außen hin, wenn Du polarisierst. Mag Dich jemand nicht, sollte Dich das keinesfalls irritieren, weil es oft gar nicht an Dir selbst liegt. Viele Menschen mögen andere schlicht und ergreifend nicht, weil sie neidisch sind. Meist wirkt ein charismatischer Mensch auf andere aber anziehend.

Mentale Stärke – was ist das?

Die mentale Stärke lässt sich wohl am besten mit Ausgeglichenheit vergleichen. Denn einen mental starken Menschen werfen auch Sorgen, Probleme, Stress und Krisen nicht aus der Bahn. Mental starke Menschen bringen ihre Emotionen, den Geist, die Seele und den Körper in Einklang, wodurch sie sich einen Schutzschild schaffen, an dem alles Negative ganz einfach abprallt.

Deine eigene mentale Stärke kannst Du ganz einfach trainieren: Steckst Du einmal in einer schwierigen Situation, verliere dennoch Dein Ziel niemals aus den Augen und fokussiere Dich darauf.

Auch Rückschläge sollten Dich nicht frustrieren. Diese geben Dir schließlich die Gelegenheit, daraus für die Zukunft zu lernen. Bleibe diszipliniert und geduldig, was Dir zusammen mit Deinem gestärkten Selbstvertrauen eine große mentale Stärke gibt.

Vermeide emotionale Überreaktionen, sondern bewerte eine Situation möglichst rational. Das gibt Dir die Möglichkeit, dass Du Dich auf die Wahrheit konzentrierst. Werden Dir schlechte Nachrichten mitgeteilt, solltest Du gefasst bleiben und nicht gleich in Tränen ausbrechen. Umgekehrt solltest Du auf gute Nachrichten auch nicht zu euphorisch reagieren, sondern Deine Impulse in jeder beliebigen Situation möglichst gut unter Kontrolle haben.

Verabschiede Dich auch von unbegründeten Sorgen und spiele gedanklich nicht das „Was wäre wenn"-Spiel. Freu Dich stattdessen lieber, wenn momentan alles gut läuft. Ansonsten verläufst Du Dich nur in Kreisdenken und wirst von Deinen Ängsten blockiert.

Mentale Stärke heißt aber auch, dass Du ruhig einmal „Nein!" sagen kannst, weil Du es schließlich nicht jedem recht machen musst. Bleibe dabei aber freundlich und höflich, um die Menschen aus Deinem Umfeld nicht vor den Kopf zu stoßen. Zeig Deinen Mitmenschen zwar Deinen Respekt, aber bleib bezüglich Deiner Meinung standhaft.

Wenn Du lernst, dass Du Dir selbst auch genug sein kannst und mit Dir zufrieden bist, baust Du damit ebenfalls Deine mentale Stärke auf. Das heißt, Du solltest lernen, Dich wohlzufühlen, wenn Du einmal alleine bist. Diese Zeit, die Du allein verbringst, kannst Du nämlich nutzen, indem Du Dich mit Deinen Gedanken und Emotionen beschäftigst. Deine Selbstliebe ist nämlich nur dann ausgeprägt, wenn Du alleine glücklich sein kannst. Das wiederum wirkt sich positiv auf Dein Selbstbewusstsein aus.

Zweifle nicht an Deinen Entscheidungen und vertritt Deine Werte, auf die Du ruhig auch stolz sein kannst. Lass Dich von niemandem verunsichern oder gar von Deinem Weg abbringen. Bleib in allen Lebenslagen authentisch und vertritt Deine Meinung – auch wenn damit Konsequenzen verbunden sind. All das zeugt davon, dass Du mentale Stärke besitzt.

Keinesfalls solltest Du Dein Leben als selbstverständlich hinnehmen, sondern dankbar dafür zu sein und auch ein wenig Demut zu zeigen. Dadurch wirkst Du einerseits sympathisch, andererseits zeigst Du damit auch, dass Du ein gesundes Selbstwertgefühl und mentale Stärke besitzt. Nicht zuletzt solltest Du auch lernen, anderen ihre Erfolge zu gönnen. Freue Dich mit ihnen, lobe sie und zeige ihnen, dass Du ihre Erfolge anerkennst, statt Neid aufkommen zu lassen. Denn Neid ist, ebenso wie Bitterkeit und Eifersucht, ein Gefühl, welches Du bekämpfen solltest, weil Dich diese negativen Gefühle auf Deinem Weg nur behindern.

Dich selbst solltest Du außerdem nicht zu ernst nehmen, sondern lernen, dass Du auch einmal über Dich selbst lachen kannst. Das hat zur Folge, dass Du in vielen Situationen weniger verbissen reagierst, sondern Dich vielmehr leicht und frei fühlst.

Durch folgende Eigenschaften zeichnet sich mentale Stärke aus:

- Unabhängigkeit

- Willensstärke

- hohes Verantwortungsbewusstsein

- wenig Frust

- Zuversicht

. Dankbarkeit

- rationales Denken

- Freude über die Erfolge von anderen

- Selbstvertrauen

Du solltest Dir eine Liste machen und ehrlich bewerten, inwieweit diese Eigenschaften bereits auf Dich zutreffen. Im nächsten Schritt solltest Du überlegen, wie Du daran arbeiten kannst. Du kannst Dir beispielsweise vornehmen, am nächsten Morgen mit einem dankbaren Lächeln aufzustehen, einen Kollegen zu loben oder neue Aufgaben mit Freude anzunehmen.

Verabschiede Dich von Selbstzweifeln

Ist Dein Selbstvertrauen nur schwach ausgeprägt und hast Du ein geringes Selbstwertgefühl, kennst Du mit Sicherheit jenen Zustand, in welchem Selbstzweifel den Körper, die Seele und den Geist regelrecht aufzufressen scheinen. Diese äußern sich in Form einer inneren Stimme, die Dir immer wieder einflüstert, dass Du nicht gut genug bist. Deine Selbstzweifel kannst Du mit folgenden Schritten konsequent bekämpfen.

Such nicht ständig nach Fehlern, die Du gemacht hast oder nach Schwächen an Dir. Akzeptiere die Anerkennung und das Lob anderer, ohne dass Du dahinter etwas Negatives vermutest. Hast Du etwas besonders gut gemacht und wirst dafür gelobt, bedanke dich ganz einfach dafür und lass es auf sich beruhen. Du musst nicht alles überdenken und zerlegen, nur um etwas Negatives zu finden. Denn einen Hauch von Negativen wirst Du immer finden, wenn Du nur lange genug suchst.

Genieße stattdessen die Augenblicke, in welchen Dir jemand ein Kompliment macht, und hinterfrage diese nicht. Warum Dir jemand ein Kompliment gemacht hat oder ob er damit einen bestimmten Hintergedanken verfolgt, ist letztlich nicht wichtig. Lass diese positiven Augenblicke also einfach zu, ohne dahinter einen bitteren Beigeschmack zu vermuten.

Lerne zudem, es zu genießen, wenn Du einmal im Mittelpunkt stehst, statt Dich hinter anderen zu verstecken. Stehst Du im Mittelpunkt, richte Dich auf, erhebe Deinen Kopf und achte auf die Körperspannung. Schenke Deinen Mitmenschen ein Lächeln und blicke dem Gegenüber fest in die Augen.

Erlebst Du einen Misserfolg oder einen Streit, such die Schuld nicht nur bei Dir. In den meisten Fällen hat nämlich jeder Beteiligte seinen Teil dazu beigetragen, dass es so weit gekommen ist. Suchst Du die Schuld stets nur bei Dir, manövrierst Du Dich damit ganz automatisch in die Rolle des Opfers. Und auch eine Zurückweisung solltest Du nicht persönlich nehmen, etwa die Absage zu einem Rendezvous. Darüber solltest Du Dir nicht allzu viele Gedanken machen, sondern Dir ins Bewusstsein rufen, dass Du sehr wohl auch alleine glücklich sein kannst, wenn Du Dir selbst gut genug bist.

Verabschiede Dich von Aussagen und Gedanken wie „Du bist nicht gut genug!", „Du bist nicht schön genug!" oder „Du bist nicht klug genug!". Und denke nicht von vornherein daran, dass Du scheitern könntest, sondern glaube daran, dass Du Dir Deine Erfolge verdient hast. Auch die Überlegung, was andere über Dich denken könnten, solltest Du aus Deinem Gedankengut streichen.

Nur so befreist Du Dich selbst aus dem Teufelskreis, in dem Du feststeckst, und kannst Deine Möglichkeiten und Dein Potenzial auch voll ausschöpfen, sodass Du Deine Ziele erreichst und Erfolge feiern kannst. Dein persönlicher Maßstab solltest nur Du ganz alleine sein. Zweifle auch nicht ständig an Deinen Fähigkeiten, sondern glaube daran, dass du alles schaffen kannst.

Raus aus der Komfortzone

Im Grunde klingt das alles ganz einfach. Doch damit Du die Komfortzone verlassen kannst, die Du Dir in der Vergangenheit eingerichtet hast, musst Du erst einmal herausfinden, worin Deine Komfortzone genau besteht. Dazu gehört es auch, jene Gedankenmuster zu hinterfragen, die Du vermutlich schon jahrelang pflegst. Denn die Komfortzone ist nicht nur ein Ort, sondern betrifft auch Personen, Tätigkeiten und das Denken. Es geht also vielmehr um jenen Handlungsspielraum, der bei Dir vermutlich schon seit Jahren stets nach dem gleichen Schema abläuft.

Zwar lebst Du immer wieder in einer Beziehung, die jedoch stets nach dem gleichen Muster ablaufen. Das hat auch einen guten Grund: Als Partner wählst Du immer wieder denselben Typen Mensch aus. Möglicherweise wechselst Du auch Deine Arbeitsstelle, fühlst Dich aber am neuen Arbeitsplatz rasch wieder unglücklich und bist unzufrieden. In Situationen wie diesen agierst Du nach einem altbewährten Muster. Dabei beachtest Du jedoch nicht, dass sich Gleiches auch stets immer gleich entwickelt. So ist es etwa nur eine Frage der Zeit, bis ein neuer dominanter Partner damit beginnt, Dich zu unterdrücken. Arbeitest Du im Beruf unter Deinem Niveau, bist Du über kurz oder lang ebenfalls wieder gelangweilt oder genervt.

Also: Warum änderst Du dieses Muster nicht? Ist es einfach bequemer für Dich, nach dem altbekannten Muster zu handeln? Dann darfst Du Dich aber auch nicht darüber wundern, dass im Endeffekt das gleiche Ergebnis herauskommt. Um Deine Komfortzone zu verlassen, musst Du jetzt einschneidende Veränderungen einläuten – vor allem hinsichtlich Deiner eigenen Persönlichkeit.

Fang deshalb besser mit kleinen Schritten an. Beispielsweise kannst Du einen Spaziergang oder eine Reise an einen Ort unternehmen, an dem Du vorher noch nie warst. Hast Du Dein Abendessen bisher immer allein und zu Hause zu Dir genommen, raff Dich dazu auf, ein Restaurant zu besuchen, welches Du bisher nicht kanntest. Du kannst Dich auch zu einem Kurs anmelden, wo Du die Gelegenheit hast, neue Menschen kennenzulernen. Oder Du suchst Dir ein neues Hobby, probierst eine neue Sportart aus oder beschäftigst Dich mit einem völlig neuen Thema.

Im nächsten Schritt fragst Du Dich ehrlich, wie Du Dich in den verschiedenen Situationen gefühlt hast. Warst Du aufgeregt und hast das Prickeln von etwas Neuem gespürt? Hattest Du Spaß und warst Du glücklich? Auf alle Fälle kannst Du jetzt stolz auf Dich sein, weil Du den ersten Schritt raus aus Deiner Komfortzone gewagt hast.

Natürlich ist die Komfortzone bequem und vermittelt Dir vermutlich auch ein gewisses Gefühl von Sicherheit, weil das Leben hier bis zu einem gewissen Grad berechenbar ist. Andererseits bist Du hier nicht mehr glücklich. Dass sich Dein Leben verändert, so lange Du Dich in der Komfortzone aufhältst, brauchst Du nicht zu erwarten. Denn hier läuft Dein Leben auch in Jahrzehnten noch nach demselben Muster ab. Wenn Du eine Veränderung möchtest, musst Du also etwas ändern, weil Du Dir andernfalls auch selbst die Chance nimmst, Dich persönlich weiterzuentwickeln.

Das heißt aber noch lange nicht, dass Du Dein ganzes Leben von jetzt auf gleich komplett umkrempeln musst. Gib Dir stattdessen ausreichend Zeit und verlasse den alten Trott in kleinen und gemütlichen Schritten. Es reicht nämlich durchaus aus, wenn Du jeden Tag eine kleine Veränderung vornimmst. Ideal ist es, wenn Du Dir eine Liste machst, auf der all jene Dinge aufgeführt sind, die Du schon immer bald machen wolltest. Anschließend suchst Du Dir für jeden dieser Bereiche eine Alternative. Nimm allerdings zur selben Zeit stets nur eine Änderung vor. Das ist insofern wichtig, als Dich alles andere überfordert und möglicherweise sogar abschreckt.

Beispielsweise kannst Du Dich mit einem Freund zu einem Sportkurs anmelden. Oder wenn Du nach Feierabend nach Hause kommst, schaltest Du nicht direkt den Fernseher ein, sondern nimmst ein Buch zur Hand. Starte anders als in der Vergangenheit in den Tag. Etwa, indem Du das Marmeladenbrot durch einen Joghurt ersetzt oder ein kleines Workout machst, bevor Du unter die Dusche gehst. Diese kleinen Veränderungen musst Du nur konsequent durchführen, damit sich Dein Leben in eine völlig neue Richtung hin entwickelt.

Wenn Dich eine Erfahrung nicht überzeugt, kannst Du jederzeit eine andere Variante versuchen. Einige Versuche mögen sich dabei sogar falsch oder unangenehm anfühlen. Davon solltest Du Dich jedoch nicht abschrecken lassen, sondern das als Erfahrung abhaken. Lass dem Frust keine Chance und bleib motiviert und gib Deinem neuen Weg auch eine Chance. Denn nicht jeder neue Weg ist auch von Anfang an perfekt.

Weil Du jeden Tag neue Schritte unternimmst, erweiterst Du damit sowohl Deinen Horizont als auch Deinen Radius sowie die Komfortzone. Dadurch gewinnst Du auch an Selbstvertrauen und wirst selbstbewusster. Denn schließlich bist Du das Wagnis eingegangen, etwas Neues auszuprobieren. Keinesfalls darfst Du jedoch wieder in den alten Trott zurückfallen, weil das einen Rückschritt bedeuten würde, der nur dazu führt, dass Du verunsichert wirst.

Nicht hoffen, sondern handeln

Wer kennt das nicht? Es gibt immer wieder Tage, an welchen Du emotional an einem Tiefpunkt angelangt bist. Du hast jetzt folgende Möglichkeiten, um aus diesem Tief wieder heraus zu gelangen: Du kannst aktiv werden und gegen das emotionale Tief vorgehen oder du hoffst auf das Wunder, dass sich diese Situation von selbst wieder legt – was eben nicht passieren wird. Du musst also selbst aktiv werden, weil es Dir niemand anders als Du selbst abnehmen kann, die Situation zu verbessern.

Eine Voraussetzung dafür besteht darin, das Du es wirklich und von ganzem Herzen auch willst. In diesem Fall geht es Dir nämlich wie einem Suchtkranken: Er kann noch so viele und gute Therapien hinter sich bringen, wenn ihm der Wille dazu fehlt, seine Abhängigkeit zu besiegen. Nur wenn Du es auch wirklich willst, können Dir Mentaltrainer oder Coaches dabei helfen, Dein Selbstbewusstsein zu verbessern.

Vielleicht fragst Du Dich auch, warum ausgerechnet Dir immer schlimme Dinge widerfahren und Du förmlich vom Pech verfolgt wirst, obwohl Du eigentlich gar nichts machst. Damit hast Du die Frage aber im Grunde schon selbst beantwortet. Du machst nichts, also auch nichts, um die Situation zu verändern. Denn dass jemand anders deine Probleme für Dich löst, kannst Du beim besten Willen nicht erwarten.

Eine wichtige Rolle spielt in diesem Zusammenhang aber auch, mit welcher Erwartungshaltung Du an die Veränderung herangehst. Denn wenn Du stets nur negative Gedanken hegst, ziehst Du Negatives förmlich an. Beklagst Du Dich beispielsweise regelmäßig darüber, dass die Umwelt von Unmengen an Plastikmüll verschmutzt wird, solltest Du auf keinen Fall regelmäßig Plastiktüten und eingeschweißte Lebensmittel kaufen. Damit änderst Du diese Situation nämlich definitiv nicht. Du solltest Dich also Deiner Verantwortung als Verbraucher bewusst werden und einen aktiven Beitrag dafür leisten, dass sich das Problem der Umweltproblematik verbessert.

Und wie soll sich das daraufhin auswirken, dass Du Dein Selbstbewusstsein stärkst? Ganz einfach: Du hast allen Grund, stolz zu sein. Schließlich hast Du einen – wenn auch nur kleinen – wichtigen Beitrag dazu geleistet, die Umwelt zu schützen. Hinzu kommt, dass gute Taten auch mit Positivem belohnt werden – ebenso wie negative Gedanken und Taten Negatives anziehen.

Ein anderes Beispiel: Wenn Du Übergewicht hast, bringt es auch nichts, wenn Du frustriert bist und über das Übergewicht jammerst. Schließlich hast Du es selbst in der Hand, die überflüssigen Pfunde zu reduzieren, indem Du sportlich aktiver wirst und Deine Ernährung umstellst. Eine hervorragende Möglichkeit besteht darin, Süßigkeiten durch Obst zu ersetzen und kürzere Strecken mit dem Fahrrad zu fahren. Lässt Du das Auto öfter einmal in der Garage stehen, kannst Du außerdem guten Gewissens stolz auf Dich sein, weil Du damit ebenso aktiv zum Umweltschutz beiträgst.

Bist Du in Deiner Beziehung unzufrieden, solltest Du ebenfalls selbst etwas ändern, statt darauf zu hoffen und zu warten, dass sich Dein Partner eines Tages auf wundersame Weise verändern wird. Wenn Du Dich beispielsweise nach mehr Zärtlichkeit sehnst, solltest Du Deinen Partner darauf ansprechen. Denn vielleicht ergeht es ihm ja genauso wie Dir und hofft ebenso vergeblich darauf, dass sich von selbst etwas ändert. Änderst Du von Dir aus nichts, hat das nur zur Folge, dass Ihr beide weiterhin nebeneinander her lebt und dabei von Tag zu Tag unglücklicher werdet. Ob das möglicherweise so sein könnte, erfährst Du nur, wenn Du es auch ansprichst.

Wenn Du handelst, statt immer nur zu hoffen, kannst Du damit eine positive Veränderung in allen Bereichen Deines Lebens bewirken. Auch das solltest Du nicht radikal, sondern Schritt für Schritt machen, weil Dich radikale Veränderungen unter Umständen überfordern könnten. Letztlich wirst Du feststellen, dass Du damit Dein Leben nicht nur positiver, sondern auch schöner machen kannst.

Lerne, Dich selbst zu lieben

Bei Selbstliebe geht es nicht nur darum, dass Du Deinen Körper, deine Seele und Deinen Geist so akzeptierst, wie sie nun eben einmal sind. Liebst Du Dich selbst voll und ganz, hast Du es auch nicht mehr nötig, eine Bestätigung von anderen Menschen zu bekommen oder sogar zu erbetteln. Dieser Aspekt ist äußerst wichtig, wenn Du Dein Selbstbewusstsein stärken möchtest. Denn nur wenn Du nicht davon abhängig bist, was andere von Dir denken, kannst Du ein glückliches Leben führen.

Mit Egoismus oder Narzissmus hat Selbstliebe aber rein gar nichts zu tun. Denn das typische Verhalten von Egoisten und Narzissten ist rücksichtslos und kalt. Selbstliebe ist jedoch die Grundvoraussetzung dafür, dass Du auch andere lieben kannst, weil Du im Einklang mit Dir und Deiner Umwelt bist. Du kannst also auch keine Nächstenliebe praktizieren, wenn Du Dich nicht selbst liebst. Du musst nämlich Liebe in Dir selbst tragen, damit Du diese Emotion auch anderen geben kannst.

Liebst Du Dich nicht selbst, möchtest Du ständig Anerkennung von anderen bekommen und fällst in ein emotionales Loch, wenn Dir eine Zurückweisung widerfährt. Damit wird Dein Selbstbewusstsein, das vielleicht ohnehin schon einen Knacks hat, nur noch weiter erschüttert. Aus diesem Grund solltest Du lernen, Dich selbst von ganzem Herzen und völlig bedingungslos zu lieben.

Du hörst Deinen Freunden immer zu, wenn diese ein Problem haben, doch wenn Deine Seele versucht, mit Dir zu sprechen, ignorierst Du sie? Auch würdest

Du nicht im Traum daran denken, die Meinung Deiner besten Freunde zu kritisieren, jedoch plagen dich stete Zweifel an Deiner eigenen Urteilskraft? Schreibe Dir die entsprechenden Situationen heraus. So kannst Du herausfinden, wann Du besser auf Dich selbst und nicht auf andere hören solltest.

Darüber hinaus solltest Du auch eine Liste von Situationen anfertigen, in welchen Dich das Erreichen eines Zieles besonders stolz gemacht hat, ebenso jene Charaktereigenschaften, die Du besonders schätzt. Darüber hinaus solltest Du auch notieren, was Dich von Deinen Mitmenschen unterscheidet. Nimm Dir ausreichend Zeit nur für Dich. Beispielsweise, indem Du eine halbe Stunde täglich für Dich einplanst, in der Du etwas für Deine Seele tust und einfach nur entspannst.

Eine weitere Übung, die Deine Selbstliebe stärkt, besteht darin, dass Du Dich täglich vor dem Spiegel stellst und Dir selbst ein Kompliment machst, welches Du natürlich auch laut aussprechen kannst. Anfangs fühlst Du Dich dabei vielleicht noch unsicher oder sogar unwohl, was sich aber im Lauf der Zeit verliert, wenn Du diese Übung täglich machst.

Und auch die Stimme, die Dir stets Zweifel an Dir selbst einflüstert, solltest Du aus Deinem Kopf verbannen. Auch wenn Du diese Stimmen verjagst, hörst Du sie in der nächsten Zeit noch des Öfteren. Wenn Du diese hörst, lächle einfach und sage: „Verschwindet!" Auch wenn sich das auf den ersten Blick vielleicht ein wenig seltsam anhört, so handelt es sich hierbei doch um eine äußerst effektive Methode.

Vielleicht fragst Du Dich, welchen Sinn die Selbstliebe denn nun haben soll. Ganz einfach: Zunächst einmal steigt Deine Selbstachtung von Tag zu Tag, weil Dir immer mehr auffällt, wie toll Du eigentlich bist. Ganz automatisch vergleichst Du Dich dann auch immer seltener mit anderen und verspürst auch keinen Neid mehr auf deren Erfolge oder Besitztümer. Dabei lernst Du außerdem, dass Du durchaus auch einmal nein sagen solltest, wenn Du das Gefühl hast, dass Dir ein Gefallen, um den Dich andere bitten, selbst nicht gut tut. Du lernst also wie von selbst, im Freundes-, Bekannten- und Kollegenkreis, Grenzen zu setzen, wodurch Du Deinen persönlichen Stress-Level ganz entscheidend senkst. Denn wenn Du Dich selbst liebst, achtest Du sehr viel mehr als in der Vergangenheit auf Dein Wohlbefinden und Deine Gesundheit.

Es gibt einige wichtige Grundsätze, wie Du Deine Selbstliebe auch ausleben kannst: Anderen hilfst Du nur, weil Du dazu in der Lage bist und es selbst willst, und nicht etwa, weil Dich jemand dazu drängt oder Du Dich dazu verpflichtet fühlst. Ebenso wie Du kein Geld verleihen kannst, wenn Du selbst gerade keines hast, kannst Du anderen auch keine Energie oder Liebe schenken, wenn Du diese Emotionen nicht in Dir selbst verspürst.

Lerne aus der Vergangenheit

Diese Tipps, die Du bislang erhalten hast, musst Du natürlich auch verinnerlichen. Auch wenn sich so mancher Vorschlag für Dich vielleicht ungewohnt anhört: Genau darum geht es. Du möchtest eine Veränderung in Deinem Leben erreichen, was Du nur schaffen kannst, wenn Du neue Wege gehst. Jetzt beginnt im Grunde erst der Lernprozess, indem Du diese Tipps verinnerlichst und umsetzt. Das fällt Dir anfangs vielleicht nicht leicht, aber, wenn Du dafür ein stärkeres

Selbstwertgefühl und mehr Selbstbewusstsein hast, lohnt sich dieses harte Stück Arbeit in jedem Fall.

Falls Du bereits weißt, was Du erreichen möchtest, solltest Du im nächsten Schritt klare und feste Ziele definieren. Um diese Ziele zu erreichen, musst Du natürlich auch eine bestimmte Strecke hinter Dich bringen. Diesen Weg in einem Stück zu gehen, ist natürlich alles andere als einfach. Deshalb empfiehlt es sich, dass Du ihn in Etappen unterteilst und Dir auch mehrere Meilensteine setzt. Das eigentliche Ziel stellt gewissermaßen einen Leuchtturm dar, der Dir unterwegs Orientierung bietet. Und hast Du eine Etappe hinter Dich gebracht und einen neuen Meilenstein erreicht, hast Du auch allen Grund darauf stolz zu sein und gehst die nächste Etappe mit neuer Motivation an.

Es empfiehlt sich, dass Du Dir Deine Ziele notierst und die Notizen immer wieder zur Hand nimmst, um sie zu lesen, damit Du neue Motivation gewinnst. Um es Dir leichter zu machen, kannst Du auch gerne die Strecke zum Ziel einem Blatt Papier aufzeichnen und die einzelnen Etappen und Meilensteine markieren.

Vielleicht befürchtest Du aber auch, dass Du Dir ein viel zu hohes und somit unerreichbares Ziel gesteckt hast. Davor brauchst Du keine Angst zu haben, wenn Du Dich einfach nur stets auf den jeweils nächsten Schritt konzentrierst und dich langsam, aber sicher zum Ziel voran arbeitest. Natürlich ist es unmöglich, alle Ziele gleichzeitig erreichen zu wollen. Deshalb solltest Du Dir auch alle gesetzten Ziele aufschreiben und eine Prioritätenliste mit den wichtigsten Zielen machen. Dann überlegst Du Dir, was Du machen musst, um diese Ziele zu erreichen. Ein klassisches Ziel für berufstätige Väter und Mütter besteht darin, mehr Zeit für ihre

Familie zu haben. Ist das bei Dir der Fall, solltest Du überlegen, wo Du im Alltag wertvolle Zeit verlierst, die Du besser mit Deiner Familie verbringen könntest. Denn wenn Du ehrlich zu Dir selbst bist, wirst Du feststellen, dass Du jeden Tag vielleicht sehr viel Zeit in sozialen Netzwerken oder vor dem Fernseher verbringst. Diese Zeit könntest Du bei schönem Wetter auch besser nutzen, um mit Deinem Partner spazieren zu gehen oder mit Deinen Kindern zu spielen.

Ferner solltest Du die Ziele auch danach einteilen, ob Du sie kurz- oder langfristig erreichen möchtest, anschließend teilst Du jedes Ziel in einzelne Etappen ein und denkst darüber nach, welche Ziel Du in einem bestimmten Zeitraum erreichen kannst und welche Meilensteine Du Dir auf dem Weg setzen solltest.

Wichtig ist außerdem, dass Du das Ziel zu keinem Zeitpunkt aus den Augen verlierst und Dir eine konkrete Deadline setzt. Möchtest Du beispielsweise Gewicht verlieren, reicht es bei weitem nicht aus, wenn Du Dir vornimmst, dieses Ziel irgendwann erreichen zu wollen. Besser ist es, wenn Du einen konkreten Zeitpunkt festlegst, bis wann Du das Ziel erreicht haben möchtest. Wichtig ist auch, dass Du das Ziel positiv und keinesfalls im Konjunktiv formulierst.

Ebenso wichtig ist aber auch die Motivation, die dahinter steckt, warum Du ein Ziel erreichen möchtest. Keinesfalls solltest Du beispielsweise nur Deinem Partner zuliebe Gewicht verlieren wollen. Das Ziel solltest Du im Gegenteil einzig und allein für Dich selbst erreichen wollen. Etwa, weil Du Dich dann attraktiver oder gesünder fühlst. Viel Geld verdienen zu wollen, nur damit Du über anderen stehst, ist zum Beispiel auch nicht unbedingt die beste Motivation.

Halte Dir dann das Ziel bildlich vor Augen, bevor Du den ersten Schritt unternimmst. Schließe dafür die Augen und stell Dir vor, wie es ist, wenn Du dieses Ziel erreicht hast. Dieses Bild verinnerlichst Du schließlich tief und rufe es auf Deinem Weg zum Ziel jeden Tag auf. Die beste Motivation ist es dabei übrigens, wenn Du Dir das Bild nicht nur vor Augen hältst, sondern versuchst, es mit allen Sinnen zu spüren.

Beharre aber nicht stur auf dem Weg, für den Du Dich entschieden hast, sondern bleib flexibel. Denn es gibt möglicherweise auch mehrere Wege, die Dich letztlich an Dein großes Ziel führen können. Auch kann es unter Umständen vorkommen, dass Du ein wenig länger brauchst, als Du ursprünglich gedacht hast. Wichtig ist nur, dass Du Dich überhaupt auf den Weg machst und unterwegs die Motivation nicht verlierst. Möglicherweise kann es Dir helfen, wenn Du nach Gleichgesinnten suchst, um Dein Ziel zu erreichen. Je nachdem, welches Ziel Du Dir gesetzt hast, kann es sich dabei um eine Diätgruppe, einen Sportverein oder einen Kurs an einer Bildungseinrichtung handeln. Der Grund: Verfolgen Gleichgesinnte ein gemeinsames Ziel, unterstützen sie sich gegenseitig, wodurch jeder einzelne sein persönliches Ziel sehr viel schneller erreichen kann. Hinzu kommt, dass es für Dich äußerst interessant und hilfreich sein kann, wenn Du Dich mit Gleichgesinnten unterhalten kannst. Denn jeder Beteiligte hat dadurch die Möglichkeit, dass er aus den Fehlern und erfolgen lernt, die andere gemacht haben.

Warum Dir Meditation helfen kann

Auch wenn Du darüber vielleicht bisher noch nie nachgedacht hast, so gilt Meditation dennoch als äußerst effektive Methode für ein Mehr an Achtsamkeit und Konzentration. Beides ist äußerst wichtig, damit Du Dein Selbstvertrauen stärken kannst. Denn Meditation ist weitaus mehr als nur eine Praxis aus der spirituellen Welt. Vielmehr hilft Dir Meditation dabei, zu Dir selbst zu finden und neue Kraft an einem Ort in Deiner Gedankenwelt zu schöpfen. Doch es gibt verschiedene Arten von Meditation und natürlich auch entsprechend viele Übungen.

Wörtlich übersetzt bedeutet Meditation so viel wie „nachsinnen" oder „nachdenken". Praktiziert wird Meditation in fernöstlichen Religionen wie etwa dem Buddhismus oder dem Hinduismus, wo die Meditation in etwa eine Bedeutung einnimmt wie das Gebet im Christentum. Der Meditierende praktiziert diese, um seine Konzentration zu stärken, achtsamer zu werden und gleichzeitig seinen Geist zu beruhigen. Das höchste Ziel der Meditation besteht darin, mental in einen Zustand zu gelangen, in welchem der Kopf völlig frei ist und keine Gedanken durch den Kopf schwirren, weil die Seele durch nichts belastet werden soll.

Es gibt jedoch auch Meditationsformen, die nichts mit dem Charakter eines Gebets gemein haben, sondern singend oder tanzend praktiziert werden. Zur Untermalung der Meditation werden oftmals auch Instrumente wie Klangschalen oder Trommeln eingesetzt.

So lernst Du das Meditieren

Anfangs erscheint Dir die ungewohnte Stille vielleicht etwas komisch und schaffst es auch nicht, geistig abzuschalten, und langweilst Dich deshalb. Allerdings wird sich auch das nach einigen Übungen legen und Du wirst die ersten Erfolge sehen. Große Veränderungen wirst Du aber nach nur einer erfolgreichen Meditation nicht verspüren, sondern erst nach einigen Sitzungen. Denn auch der Weg zu mehr Ruhe erfolgt in kleinen Schritten.

Äußerst wichtig ist, dass Du den richtigen Ort für Deine Meditationsübungen findest, an dem Du nicht abgelenkt bist. Fernseher, Radio oder ein Mobiltelefon haben in Deinem Meditationsraum nichts verloren. Stattdessen solltest Du im Raum eine möglichst positive Atmosphäre schaffen, was Dir beispielsweise mit einer Duftlampe, Räucherstäbchen oder einer Kerze gelingt. Achte vor allem darauf, dass der Raum ausreichend groß und gut belüftet ist. Ausreichend Platz ist insofern wichtig, weil Du im Raum ein Kissen oder eine Matte ausbreiten können solltest.

Wichtig ist, dass Du während der Meditation durch nichts gestört bist und Du Dich absolut wohlfühlst. Wähle deshalb für die Meditation bequeme Kleidung, die Dich nicht einengt, damit Du nicht unnötig abgelenkt bist. Auch sollte die Kleidung der Temperatur angepasst sein, damit Du nicht frierst oder schwitzt. Bevor Du mit der Meditation beginnst, solltest Du außerdem das Telefon ausschalten und eventuelle Mitbewohner darum bitten, Dich in dieser Zeit nicht zu stören. Zunächst breitest Du dann Deine Unterlage aus und legst oder setzt Dich im Schneidersitz darauf. Die Variante ist egal, Hauptsache, Du hast es bequem.

Damit Du die Zeit für die Meditation richtig einschätzt, kannst Du Dir auch einen Wecker stellen, bevor Du beginnst. Für die ersten Übungen reicht ein Zeitraum von zehn bis 15 Minuten völlig aus. Auch hier gilt der Grundsatz, dass Du langsam beginnen und nicht übertreiben sollst. Sobald Du dann eine bequeme Position eingenommen hast, geht es in erster Linie darum, dass Du Deine Gedanken ausschaltest, was für Anfänger oft den schwierigsten Teil darstellt. Versuche dafür einfach, voll und ganz zur Ruhe zu kommen und nicht zu denken, sodass in Deinem Kopf eine völlige Leere herrscht. Dadurch wirst Du völlig eins mit dem Universum. Vielen Anfängern passiert es dabei, dass ihre Gedanken während der Meditation immer wieder abschweifen. Passiert Dir das, versuch einfach, sie abzuschalten. Beispielsweise kannst Du Dir vorstellen, dass Deine Gedanken Regenwolken sind, die Du einfach wegschiebst. Bis Dir das gelingt, brauchst Du vielleicht einige Versuche.

Möchtest Du öfter meditieren, dann praktiziere die Meditation auch regelmäßig, also pro Woche mindestens zwei- bis dreimal. Denn besten Zeitpunkt für die Meditation kannst Du dann auch selbst herausfinden, und diesen Zeitpunkt solltest Du nach Möglichkeit auch stets einhalten.

Wichtig ist außerdem, dass Du während der Meditation komplett abschaltest und Dich von allem Irdischen löst. Anfangs erscheint Dir das vielleicht mühsam, doch irgendwann gelingt Dir das ganz von selbst. Für den Zeitpunkt nach der Meditation solltest Du Dir noch einige Minuten der Muße einplanen, damit Du einen sanften Übergang zur Realität hast, weil die Meditation dann einen Teil ihrer Wirkung verliert.

Die verschiedenen Übungen

Eine perfekte Meditationsübung für Anfänger ist die Atemmeditation. Dafür nimmst Du eine bequeme Position ein, schließt die Augen und konzentrierst Dich voll und ganz auf Deine Atmung, während Du ganz normal weiter atmest. Verfolge den Weg Deines Atems dabei von Nase oder Mund aus durch Deinen Körper und zurück, sodass Du mit diesem Kreislauf Eins wirst. Jeden anderen Gedanken schiebst Du bei dieser Übung zur Seite. Hervorragend eignet sich diese Meditationsübung für Pausenzeiten, weil Du sie auch machen kannst, wenn Du gerade mit öffentlichen Verkehrsmitteln unterwegs bist.

Willst Du Deine Vorstellungskraft anregen, solltest Du Dich für die Visualisierungs-Meditation entscheiden. Auch dafür nimmst Du eine bequeme Position ein und schließt die Augen. Jetzt begibst Du Dich in Gedanken an einen Ort, an dem Du gern sein möchtest, ganz gleich, ob es sich dabei um einen realen Ort oder einen Fantasie-Platz handelt. Dieser Ort ist von nun an die Quelle Deiner Energie. Du spürst, wie Du leicht wirst und zugleich Dein ganzer Körper neue Kraft tankt. Deine Sorgen sind weit weg und Du hast keine Probleme mehr. Stattdessen nimmst Du sämtliche Details aus Deiner Umgebung intensiv auf, auch die Geräusche und Gerüche. An diesen geheimen Zufluchtsort kannst Du Dich natürlich jederzeit zurückziehen, wenn Dir alles zu viel erscheint. Nur wenige Minuten reichen aus, damit Du wieder voller Kraft und energiegeladen in die Realität zurückkehrst.

Alternativ kannst Du während Deiner Meditation auch Affirmationen nutzen, also mit kurzen Sätzen oder einprägsamen Wörtern, die für Dich ein Mantra darstellen. Wichtig ist lediglich, dass sie eine klare Aussage beinhalten und positiv formuliert sind. Ein absolutes Tabu stellen Verneinungen dar, weil diese keine positiven Emotionen in Dir auslösen.

Bei der sogenannten Achtsamkeitsmeditation lenkst Du Deine Achtsamkeit auf die verschiedenen Teile Deines Körpers. Diese Meditationsübung führst Du idealerweise im Liegen aus. Du schließt Deine Augen und lenkst die Konzentration zunächst auf die Zehen. Anschließend führt die Reise Deiner Konzentration durch den gesamten Körper, bevor sie am Kopf endet. Währenddessen stellst Du Dir vor, wie leicht die jeweiligen Körperteile sind und wie sie sich entspannen.

Die Erdungsmeditation kannst Du in jeder beliebigen Position ausführen, also auch im Stehen. In diesem Fall müssen die Füße aber einen festen Stand auf dem Boden haben. Du schließt die Augen und stellst Dir anschließend vor, wie Du mit jedem Teil deines Körpers mit dem Boden verwurzelst und dabei Energie tankst. Durch diese Meditation nimmst Du gewissermaßen die Kraft der Erde in Dich auf und lässt diese durch Deinen Körper fließen. Bevor Du die Meditation beendest, musst Du aber darauf achten, die Wurzeln wieder zurückzuziehen.

Möchtest Du lieber aktiv meditieren, solltest Du Dich für die dynamische Methode von Osho entscheiden, weil diese Übung entweder im Stehen oder in Bewegung ausgeführt wird. Du schließt dafür die Augen und fängst dann an, tief und schnell zu atmen. Anschließend lässt Du Deinen Emotionen völlig freien Lauf, ganz gleich, ob Du lachen, laut schreien, kreischen oder weinen möchtest. Daraufhin folgt eine etwa 15-minütige Bewegungsphase, bevor Du für einige Minuten lang völlig still stehst und währenddessen eine Erdung aufzubauen versuchst. Mit dieser Meditationsübung kannst Du sehr gut Aggressionen abbauen.

Anfänger starten auch gern mit einer Meditationsübung, während jene sich auf ein Objekt konzentrieren,
weil es für sie schwierig ist, den Gedankenfluss abzustellen, währenddessen sie die Augen geschlossen haben. Sie setzen sich dafür auf einen Stuhl oder auf den
Boden, nachdem sie auf Augenhöhe ein beliebiges Objekt platziert haben. Während dieser Übung solltest Du
die Augen immer wieder entspannen, um sie nicht zu
überanstrengen. Nach kurzer Zeit kannst Du aber auch
dazu übergehen, Deine Augen zu schließen. Das Objekt
betrachtest Du dann nur noch vor Deinem geistigen
Auge.

Die Meditation mit Herzatmung startest Du mit
tiefen Atemzügen, sobald Du eine bequeme Position
eingenommen hast. Dann konzentrierst Du Dich voll
und ganz auf Dein Herz, während Du Deine Atmung
wahrnimmst. Versuch dabei, positive Gefühle wie
Glück oder Dankbarkeit zu spüren und lass durch Deinen Körper Liebe fließen. Die Meditation beendest Du,
indem Du deine Hände ein paar Minuten lang auf Dein
Herz legst und erst dann die Augen öffnest. Besonders
gut eignet sich diese Meditationsübung, wenn Du Be-
klemmung oder Angstgefühle verspürst oder unter großem Stress stehst.

Das bewirkt die Meditation

Regelmäßig durchgeführt haben die Meditationsübungen mehrere positive Effekte für Dich: Du verlierst Ängste, wirst ruhiger und steigerst langsam aber
sicher Dein Selbstbewusstsein. Der Grund dafür: Du
lernst durch die Meditation, weniger zu grübeln und
nachzudenken. Dadurch kannst Du unter Umständen
auch Auslöser-Situationen für Selbstzweifel aus Deinem

Leben verbannen. Schaffst Du es alleine nicht, den Zustand der Meditation zu erreichen, solltest Du Dich nach Kursen umsehen, die in Deiner Region angeboten werden.

Wichtige Begriffe rund um die Meditation

Mantra

Bei einem Mantra handelt es sich um einen Satz oder ein Wort, wodurch eine spirituelle Wirkung erzeugt wird. Deshalb eignen sich Mantras hervorragend zur Unterstützung einer Meditation. Auch Kraftworte gelten als Mantras. Diese kannst Du zwischendurch aufsagen, um Dich selbst zu ermuntern. Denn das richtige Mantra kann Dir dabei helfen, Deine Gedanken und Deine Seele zu reinigen sowie Deine Gedanken zu fokussieren. Nach dem Glauben diverser asiatischer Religionen sollen Mantras außerdem eine heilkräftige Wirkung haben, weil sie negative Gedankenmuster auflösen und auch Blockaden lösen können. In so mancher Religion werden Mantras sogar zum Schutz vor bösen Mächten betrachtet. Dabei ist es völlig gleichgültig, ob Du die Mantras flüsterst, laut aussprichst oder nur in Gedanken wiederholst.

Achtsamkeit

Dieser Begriff umschreibt eine besondere Form der Wahrnehmung und des Bewusstseinszustandes. Im günstigsten Fall sollte Deine Wahrnehmung neugierig, offen und voller Akzeptanz sein. Dass Du Achtsamkeit lernst, ist wichtig, weil Du damit auch lernst, das Leben mit allen Sinnen zu erleben. Du kannst also jeden Augenblick Deines Lebens voll und ganz genießen. Im Hinblick auf die Stärkung Deines Selbstbewusstseins ist

Achtsamkeit wichtig, da Du dadurch aus Deiner gewohnten Routine gerissen wirst. Es fällt Dir außerdem wesentlich leichter, alle Facetten des Lebens rundum zu genießen und erleichtert es Dir erheblich, das Grübeln künftig abzustellen. Du denkst nur noch ungern an die Vergangenheit und hast keine Angst vor der Zukunft, weil einzig und allein der jetzige Augenblick zählt. Achtsamkeit hilft Dir dabei, Stress abzubauen, Deinen Ängsten ade zu sagen und kann Dir sogar aus einer Depression heraushelfen. Der Grund: Du entdeckst die Welt neu und spürst sie hautnah, sodass Du auch mehr Lebensfreude empfindest.

Ein weiterer positiver Effekt besteht darin, dass Du stärker auf jene Signale achtest, die Dir Dein Körper sendet, weshalb Du auch frühzeitig gegensteuern kannst, bevor Du an Erschöpfungszuständen, Erkältungen oder anderen Krankheiten erkrankst. Und auch im Zwischenmenschlichen Bereich bringt Dir Achtsamkeit einen großen Nutzen, weil sie Dich zu einem besseren Menschen macht.

Du lernst also, wie Du Deine Aufmerksamkeit bewusst auf den aktuellen Zustand lenkst, den Du jedoch nicht bewertest. Du wirst dadurch auch gelassener und gerätst nicht mehr so leicht in die Stressfalle wie in der Vergangenheit. Plagen Dich lästige Gedanken verdrängst Du diese weder noch analysierst diese. Da dadurch auch Deine Ängste, dass Du etwas vielleicht nicht schaffen könntest, verschwinden, wächst Dein Selbstbewusstsein ganz automatisch.

Achtsamkeit erlernst Du dadurch, dass Du Dich selbst intensiv beobachtest. Versuch beispielsweise, beim Essen jeden Bissen intensiv zu schmecken und achte auch auf Deine Gefühle während des Schluckens.

Du beobachtest also intensiv alle Signale, die Dir Deine Sinne senden und fragst Dich dabei auch, was dabei mit Deinem Körper und mit Dir passiert, wie Du dabei empfindest.

Gelassenheit

Als Gelassenheit wird die Eigenschaft bezeichnet, die innere Ruhe selbst dann bewahren zu können, wenn rundherum ein Orkan tobt. Wenn es Dir gelingt, stets gelassen zu bleiben, brauchst Du auch keine Angst vor Stress oder Nervosität zu haben. Deshalb stellt die Gelassenheit auch eine wichtige Grundlage dafür dar, dass Du zufrieden und glücklich lebst, was sich positiv auf Dein Selbstbewusstsein auswirkt.

So mancher Mensch rastet schon bei der geringsten Kleinigkeit komplett aus, was aber lediglich dazu führt, dass ihn sein Umfeld nicht mehr für voll nimmt. Das wiederum ist eine denkbar schlechte Voraussetzung für den Aufbau eines stabilen Selbstbewusstseins. Der Weg zu mehr Gelassenheit beginnt für Dich damit, dass Du zunächst einmal Deine Emotionen und auch die Gefühlsausbrüche achtsam beobachtest. Dadurch kannst Du Überreaktionen vermeiden. Sobald Du bemerkst, dass Dein Stresslevel in einer bestimmten Situation zu groß wird, schließe einfach die Augen, atme tief und konzentriere Dich dabei auf jeden Atemzug. Versuch zugleich, Deine Muskeln zu entspannen. Das gelingt Dir, indem Du die Hände zu Fäusten ballst, einige Sekunden lang angespannt lässt und anschließend Arme und Hände ausschüttelst. Oder aber Du entspannst Dich in der stressigen Situation dadurch, dass Du den Raum für ein paar Minuten verlässt, tief durchatmest, Dich kurz schüttelst und erst dann in den Raum zurückkehrst.

Alternativ kannst Du auch eine Kurz-Meditation durchführen, damit Du in der stressigen Situation gelassen bleibst. Dazu presst Du die Füße fest auf den Boden, um die Erdung zu spüren, anschließend spannst Du den ganzen Körper kurz an und lässt dann wieder locker. Diese Übung führst Du in aufrechter Körperhaltung durch, wobei die Schultern leicht nach unten hängen sollten. Der Sinn dieser Übung: Stress geht in aller Regel vom Kopf aus, mit der Übung leitest Du den Stress also vom Kopf aus direkt in den Boden ab.

Dafür, dass Du in Gelassenheit leben kannst, spielen Rituale und Routinen eine wichtige Rolle. Versuch, beim Aufwachen ein Gefühl der Dankbarkeit zu verspüren und mache eine kurze Meditation oder Yoga-Übung und verfestige damit den Gedanken, dass Dich heute absolut nichts aus der Ruhe bringen kann. Damit Du dauerhaft gelassen leben kannst, solltest Du aber noch einige weitere Punkte beachten:

- Halte Dich von Menschen möglichst fern, die es immer wieder schaffen, Dich aus der Fassung zu bringen.

- Grenze Dich auch weitgehend von den Medien ab. Denn ständig schlechte Nachrichten zu lesen oder zu hören, regt logischerweise irgendwann auf.

- Bewege Dich an der frischen Luft und umgib Dich mit positiven Menschen.

- Schlaf ausreichend und sorge für eine möglichst gute Schlafqualität.

Mit Autosuggestionen zu mehr Selbstbewusstsein

Ein hervorragendes Mittel, um Dir zu einem stärkeren Selbstbewusstsein zu verhelfen, stellen Autosuggestionen dar. Der Grund: Mit Hilfe von Autosuggestionen kannst Du Dein Unterbewusstsein trainieren und sogar neu programmieren, es handelt sich also um eine Form von Selbsthypnose. Erstmals ernsthaft mit diesem Thema hat sich der französische Apotheker Émile Coué beschäftigt, der auch einen Satz geprägt hat, der von vielen Therapeuten und Coaches bis in die Gegenwart hinein gern zitiert wird: „Es geht mir von Tag zu Tag in jeglicher Hinsicht besser und besser."

Eine so große Bedeutung für die Therapeuten und Coaches hat dieser Satz aus einem Grund: Er ist zukunftsorientiert und zeigt den Weg auf, der zu einem besseren Leben führt. Dieser Satz ist zum einen völlig ehrlich und trägt andererseits eine enorm positive Botschaft in sich. Suggestive Sätze wie „Ich bin schön!" helfen vielen Menschen zwar, diese Art von Autosuggestion lässt die Betroffenen aber auch immer wieder zweifeln.

Verwendest Du derartige Sätze für eine Autosuggestion, ist vor allem wichtig, dass Du sie richtig, also positiv formulierst. Schließlich sollen sie ja auch eine positive Wirkung erzielen. Damit Du Dich nicht gleich zu Beginn völlig überforderst, solltest Du anfangs nur einen oder zwei Sätze, die positiv formuliert sind, nutzen.

Beispielsweise kannst Du damit anfangen, Dir zu suggerieren, dass Dein Selbstbewusstsein mit jedem Tag stärker wird. Wann und in welcher Situation Du Dir diesen Satz aufsagst, ist dabei völlig egal. In jedem Fall musst Du darauf achten, dass der jeweilige Satz keine Verneinung beinhaltet, was gerade für Anfänger ein wenig schwierig sein kann. Überlege Dir die Sätze also besser im Vorfeld gut, schreibe sie auf und verwende sie erst, nachdem Du sie analysiert hast. Ebenso wichtig ist, dass Du an jeden einzelnen Satz glaubst und Du Dich damit identifizieren kannst und dass diese Sätze ganz individuell auf Dich zugeschnitten sind.

Wie bei allen anderen Methoden, mit welchen sich ein stärkeres Selbstbewusstsein erreichen lässt, musst Du auch hier konsequent am Ball bleiben. Denn selbst die stärksten Sätze erzielen nicht die gewünschte Wirkung, wenn Du sie nur kurzzeitig verwendest. Autosuggestionen sollten für Dich also zu einer Routine werden, die Du jeden Tag durchführst.

Wichtig: Die richtigen Menschen im persönlichen Umfeld

Dieser Aspekt ist enorm wichtig, wenn Du damit beginnen möchtest, Dein Selbstbewusstsein zu stärken. Fang also erst einmal damit an, dein komplettes persönliches Umfeld gründlich unter die Lupe zu nehmen. Dabei solltest Du Dich unter anderem Fragen, wie es um das soziale Miteinander im privaten und persönlichen Umfeld bestellt ist. Unterstützen Dich Deine Mitmenschen oder fühlst Du Dich in deren Gegenwart unsicher?

Anschließend solltest Du Dir Gedanken darüber machen, was der Grund dafür sein könnte, dass Du bei einigen Menschen so empfindest. Vor allem am Arbeitsplatz ist es nicht unüblich, dass sich einige Mitarbeiter selbst dadurch größer machen, indem sie ihre

Kollegen klein machen. Das läuft oft unbemerkt oder aber der betroffene Kollege traut sich nicht, eine Veränderung herbeizuführen. Allerdings solltest Du auch bedenken, dass Ihnen Menschen, die nicht gut für Dich sind, sowohl Deine Energie rauben als auch Dein Selbstvertrauen gehörig untergraben. Diese Energiefresser solltest Du also schnellstmöglich aus Deinem Leben verbannen.

Schließlich bestimmen jene Menschen, mit welchen Du die meiste Zeit verbringst, Dein Leben auch. Selbst wenn Du in den anderen Bereichen erfolgreich arbeitest, ziehen Dich derartige Menschen immer wieder runter und torpedieren so Deine Fortschritte.

Auch Menschen, die schüchtern und unsicher sind, bringen Dich keineswegs nach vorne. Du brauchst vielmehr Bekannte und Freund, die Dich mitreißen und antreiben. Schließlich muss der entsprechende Freund erst einmal seine eigene Komfortzone verlassen, damit er Dich wirklich weiterbringen kann.

Das heißt aber noch lange nicht, dass Du Bekanntschaften oder Freundschaften beenden solltest, nur weil Deine Freunde auch nicht aus ihrem bekannten Trott herauskommen. Denn vielleicht hegt der- oder diejenige in seinem tiefsten Inneren auch den Wunsch nach einer Veränderung. Sprich ihn einfach an. Vielleicht findet ihr dabei gemeinsame Ziele, die ihr miteinander erreichen könnt, sodass ihr euch auf dem Weg zum Ziel immer wieder gegenseitig motiviert, wenn es einmal nicht so gut läuft.

Ein zufriedeneres Leben mit der richtigen Work-Life-Balance

Eine wichtige Grundvoraussetzung dafür, dass Du Dein Leben selbstbewusst leben kannst, besteht darin, dass Du mit Dir und Deinem Leben auch wirklich rundum zufrieden bist. Einen maßgeblichen Anteil daran hat die Work-Life-Balance, also ein ausgewogenes Verhältnis zwischen der Arbeitszeit und der Freizeit. Workaholics oder Menschen, die unter einem Burnout leiden, haben diese Ausgewogenheit beispielsweise nicht gefunden.

Eine wichtige Voraussetzung dafür, dass die Work-Life Balance stimmt, besteht darin, dass Du mit Deinem Job zufrieden bist, weil Du mit sympathischen Kollegen an einem angenehmen Arbeitsplatz arbeitest, an welchem eine gute Aufgabenverteilung herrscht. Werden Du und Deine Leistungen auch noch wertgeschätzt, gehst Du gern zur Arbeit, ohne unnötigen Ballast in Deine Freizeit mitzunehmen, die Du dann auch richtig genießen kannst.

Musst Du hingegen ständig Überstunden machen, an Wochenenden oder gar zu Hause noch arbeiten, ist Deine Work-Life-Balance ganz sicher nicht in einem ausgewogenen Verhältnis. Deshalb solltest Du in diesem Fall Deinem Chef gegenüber selbstbewusst auftreten und Deine Rechte einfordern, nicht nur, was die Arbeitszeiten, sondern auch was das Gehalt angeht.

So lernst Du Dich mit Hilfe von NLP selbst zu lieben

Zu den bewährten Methoden, die Dir dabei helfen können, Dich selbst zu lieben, gehört das sogenannte NLP, also das Neuro-Linguistische Programmieren. Diese Methode vereinigt Konzepte aus verschiedenen Theorien der Psychotherapie wie etwa der Hypnotherapie und der Gestalttherapie. Es handelt sich hierbei um Methoden und Kommunikationstechniken, durch welche sich psychische Abläufe in einem Menschen verändern lassen. Die Bezeichnung Neuro-Linguistisches Programmieren besagt, dass sich verschiedene Abläufe im Gehirn mittels Sprache und systematischer Handlungsanweisungen verändern lassen.

Die Geschichte des NLP

Der Linguist John Grinder und der damalige Mathematikstudent Richard Bandler hatten an der University of California das NLP zu Beginn der 1970er Jahre entwickelt. Der Grund: Man stellte sich die Frage, was in der Psychologie noch fehlen würde, weil diese damals alles andere als praxisnah, sondern äußerst theorielastig praktiziert wurde. Lücken gab es insbesondere, wenn es darum ging, welche Beziehung Menschen zu sich selbst und ihren Mitmenschen haben.

Als äußerst unzureichend galt die Psychologie darüber hinaus, wenn es um seelische Zustände ging. An ihre Grenzen stieß die damalige Psychologie insbesondere, wenn es um die Frage ging, wie Menschen die Kräfte, die ihrem Geist innewohnen aktivieren können. Denn Psychologen beschäftigten sich damals in erster Linie damit, psychische Krankheiten und die Ursachen dafür zu erforschen. Im Vordergrund standen dabei jene Geisteszustände, welche nicht der Norm entsprachen.

Die Frage, wie auch ein gesunder Mensch von den Erkenntnissen der Psychologie profitieren könnte, war jedoch offen. Schließlich nutzt jeder Mensch seinen Geist nur zu einem Bruchteil. Es gibt also zahlreiche versteckte Potenziale, welche ein gesunder Mensch noch nutzen könnte.

Weil die Psychologie damals den Fokus lediglich auf Krankheitsbilder legte, gab es also in der Psychologie keine Lösung dafür, wie sich das Positive im Menschen fördern und entwickeln ließe. Für Menschen, die in ihrem Leben glücklicher oder erfolgreicher werden wollen, ist es aber enorm wichtig, genau diese versteckten Potenziale zu fördern.

Die Grundlagen für das spätere NLP wurden bereits in den 1960er Jahren durch die „Human Potential"-Bewegung im US-Bundesstaat Kalifornien gelegt. Hier ging es aber vielmehr darum, zu erörtern, welche Möglichkeiten der menschliche Geist hat und die Fähigkeiten auf Basis dieser Erkenntnisse zu verbessern. Bestimmte Methoden oder Techniken wurden dafür jedoch nicht angewandt. Das Ziel dieser Bewegung bestand darin, das geistige Potenzial des Menschen besser auszuschöpfen. Es handelte sich dabei jedoch lediglich um eine lose Bewegung, die zwar ein Ziel verfolgte, jedoch war die Methodik, durch welche dieses Ziel erreicht werden sollte, noch völlig unbekannt.

Allerdings war zu diesem Zeitpunkt schon abzusehen, dass diese Bewegung eine große Bedeutung erlangen könnte. Denn unter anderem zählte Abraham Maslow zu den Begründern, der die Maslowsche Bedürfnispyramide entwickelt hatte. In dieser Pyramide ordnete er die Bedürfnisse des Menschen nach objektiven Kriterien an. Nach diesem Modell möchte jeder Mensch dieselben Bedürfnisse erfüllen, damit er wirklich glücklich wird. Das sei jedoch nur möglich, wenn die Bedürfnisse auf allen Stufen erfüllt sind. Zu den Grundbedürfnissen des Menschen gehören demnach das Bedürfnis nach Sicherheit sowie das Existenzbedürfnis. In höheren Stufen steht dann die Selbstverwirklichung im Vordergrund. Jeder Mensch möchte also seinen Interessen nachgehen, damit er von innen heraus glücklich werden kann.

Des Weiteren zählte auch Carl Rogres zu den Begründern, welcher die Gesprächsführung in Therapiegesprächen maßgeblich beeinflusst hatte. Bis heute werden seine Erkenntnisse als wichtige Grundlage für das Verhalten in Therapiegesprächen betrachtet.

Beide hatten damals einen exzellenten Ruf als bedeutende Wissenschaftler, was sich natürlich auch positiv auf die Bewegung auswirkte. Schließlich ging es den renommierten Wissenschaftlern darum, die Psychologie grundlegend zu verändern. Zudem engagierten sich zahlreiche junge Wissenschaftler, die zwar noch nicht das Renommee hatten, aber die weitere Entwicklung dennoch maßgeblich beeinflussten. Dadurch wurden neue und revolutionäre Kommunikationsmodelle entwickelt. Beispielsweise wurde entdeckt, dass die nonverbale Kommunikation eine wichtige Rolle in der Kommunikation spielt. Denn Kommunikation wurde in dieser Zeit lediglich als gesprochenes Wort und dessen Inhalte betrachte. Dass aber auch die nonverbale Kommunikation eine wichtige Rolle in jedem Gespräch spielen könnte, wurde im Rahmen der Bewegung erstmals diskutiert. Deshalb untersuchte man nun neben

Sprachmustern auch die Elemente nonverbaler Kommunikation, statt nur den Inhalt der Worte zu analysieren.

Herausragende Therapeuten jener Zeit analysierten die Therapiesitzungen, um diese Erkenntnisse zu vertiefen. Dazu gehörten Virginia Satir, die im Bereich der Familientherapie herausragende Arbeit geleistet hatte, sowie Milton Erickson, der Begründer der modernen systemischen Hypnosetherapie. Aus diesen Analysen ließ sich ablesen, dass ein therapeutischer Erfolg in erster Linie davon abhing, auf welche Art und Weise der Therapeut mit seinen Patienten kommunizierte, während die Methode eher eine untergeordnete Rolle spielte.

Man ging folglich davon aus, dass besonders erfolgreiche Therapeuten intuitiv Verhaltensmuster entwickelt hatten, welche die Therapie zum Erfolg führten. Nicht jeder Therapeut besitzt jedoch die Intuition, um entsprechende Verhaltensmuster zu erlernen und anzuwenden. Mit der NLP versuchte man also, diese Verhaltensmuster näher zu beschreiben und zu definieren. Die Folge: Innerhalb der Psychologie ist ein völlig neues Feld entstanden, in welchem die Veränderung des Menschen im Fokus steht.

Die NLP geht dabei aber sogar noch einen Schritt weiter. Denn jeder Mensch kann dadurch lernen, sich selbst und sein Verhaltensmuster zu verstehen. Das Ziel bestand nun darin, dass Menschen sich dahingehend verändern, ihr volles Potenzial besser auszuschöpfen.

Diese neue Methode wurde zunächst in Kalifornien populär und breitete sich von da über die gesamten USA aus. Es sollte allerdings eine Weile dauern, bis die NLP auch in anderen Teilen der Welt bekannt und populär wurde. Ein Grund dafür bestand darin, dass die NLP von Wissenschaftlern stets belächelt wurde, weil es sich um keine korrekte wissenschaftliche Methode handelt. Beispielsweise stritt man in der Fachwelt lange darüber, ob die NLP tatsächlich als ein Feld der Psychologie betrachtet werden sollte oder ob es sich lediglich um ein Modell handelt, durch welches die Kommunikation und das Lernen des Menschen beschrieben wurde. Dennoch wurde die NLP zu einem der wichtigsten Verfahren im Verhaltenstraining.

Erst in den frühen 1980er Jahren wurde die NLP auch im deutschsprachigen Raum bekannter. In Europa entwickelten sich zu dieser Zeit verschiedene Strömungen, die sich in der Interpretation einiger Teile und von der Anwendung her unterschieden. Im Lauf der Jahre wurden jedoch nationale Verbände gegründet, durch die einheitliche Standards für die Lehre und die Anwendung festlegten.

Was ist NLP genau?

Das grundlegende Ziel der NLP besteht darin, dass Du das Potenzial, welches in Dir steckt, wecken und komplett ausschöpfen kannst. Denn sowohl das Mindset als auch Dein Geist wirken sich auf Deine persönliche Realität aus. Auf beides hast Du selbst aber einen sehr großen Einfluss. Die Selbstwahrnehmung gilt dafür als großes und äußerst wichtiges Teilgebiet. Denn das Selbstbild ist bei vielen Menschen in der modernen Welt verzerrt: Die einen überschätzen sich selbst maßlos, während andere unter dem Gefühl leiden – egal in welchem Bereich – nicht gut genug zu sein. Die Einschätzung des Selbstbildes lässt sich jedoch bei jedem

Menschen verbessern, wenn die richtigen Techniken angewendet werden.

Möglicherweise stehst Du gerade an einem Punkt, an dem Du etwas verändern möchtest, hast aber keine Ahnung, wie Du diese Veränderung bewerkstelligen solltest. Vielleicht möchtest Du ja Dein soziales Umfeld erweitern, endlich den richtigen Partner kennenlernen, im Beruf erfolgreicher sein oder mit dem Rauchen aufhören.

Natürlich kannst Du Dir einreden, dass Du für nichts verantwortlich bist und der Misserfolg die Schuld anderer Menschen ist. Entsprechende Ausflüchte kannst Du in jedem Lebensbereich sehr einfach finden. Aber diese Ausflüchte sind ganz sicher keine Erklärung dafür, warum Dein Leben nicht so verläuft, wie Du es gern hättest. Natürlich mag es sein, dass äußere Einflüsse Dein Leben verändern. Aber Du solltest immer versuchen, das Beste aus Deiner jeweiligen Situation zu machen. Denn die Möglichkeit, etwas zu verbessern, hast Du immer.

Beispielsweise mag es gut sein, dass Du wenig oder nichts unternommen hast, um neue Menschen kennenzulernen oder Du in der Arbeit nicht die volle Leistung erbracht hast und deshalb beruflich stagnierst. Der erste Schritt auf dem Weg zu einer Veränderung besteht also darin, dass nur Du allein für Dein Leben verantwortlich bist und auch Du allein es steuern kannst. Sobald Du zu dieser Erkenntnis gelangt bist, kann Dir die NLP helfen, durch positive Veränderungen Deine Ziele zu erreichen.

Die NLP hat sich im Lauf der Zeit hin zu einem praktischen Ansatz entwickelt, weshalb Du keine Fachkenntnisse aus der Psychologie brauchst, um diese anzuwenden. Denn durch die praxisorientierte Anwendung konnten schon viele Menschen ihr Leben deutlich verbessern, weil die eigenen Erfahrungen und Übungen im Vordergrund stehen. Dadurch kannst Du eine positive Veränderung erfahren und Deine Ziele auch wirklich erreichen.

Dafür gibt es in der NLP völlig unterschiedliche Instrumente, die Du nutzen kannst. Hierbei handelt es sich um vielfältige Techniken und Übungen unter dem Dach der NLP. Weil jeder Mensch individuell unterschiedlich ist, funktionieren einige Techniken bei Dir vielleicht besser als andere oder Du musst die eine oder andere Technik ein wenig abwandeln.

Auch die Vorgaben sind nicht starr, stellen also keine absoluten Glaubensgrundsätze dar. Die Vorgaben sind eher als Handlungsempfehlung zu betrachten. Anfangs solltest Du allerdings versuchen, diese möglichst genau umzusetzen. Du wirst dann im Lauf der Zeit die notwendigen Erfahrungen machen, damit Du die entsprechenden Techniken verfeinern kannst, um sie noch wirkungsvoller zu machen.

Diese Ziele lassen sich mit NLP erreichen

Bei einer konkreten Fragestellung oder einem konkreten Problem ist es natürlich positiv, wenn Du diese selber lösen kannst, jedoch stellt die NLP auch hier einen guten Wegweiser dar. Denn die NLP soll Dir dabei helfen, dass Du Dein Potenzial voll ausschöpfen kannst. Ganz gleich in welcher Lebenslage, ob im privaten Bereich oder im Beruf.

Darüber hinaus kann Dir die NLP auch dabei helfen, eine negative Situation zu überwinden. Denn im Laufe des Lebens gibt es immer wieder Situationen, welche dich am persönlichen Wachstum hindern. Derartige Probleme kannst Du aber mit Hilfe der richtigen Methode lösen, sodass Du rasch wieder in der Lage dazu bist, Dein volles Potenzial auszuschöpfen.

Geht es um wirklich schwerwiegende Probleme, solltest Du aber auf jeden Fall mit einem Therapeuten zusammenarbeiten. Die NLP kannst Du dann als ergänzende Unterstützung zu den Gesprächen in den Therapiesitzungen nutzen, damit der Therapieerfolg gesteigert wird.

Praktische Probleme zu lösen und Laster zu überwinden, zählt jedoch zu den größten Anwendungsgebieten der NLP. Dabei geht es in erster Linie darum, dass Du Deinen Geist veränderst und Deine Gewohnheiten sowie Verhaltensmuster, die sich im Geist fest eingebrannt haben, änderst. Denn es gibt sehr wohl Laster, die sich im Alltag als so große Belastung herausstellen, dass Du Dein volles Potenzial nicht ausschöpfen kannst. Dazu gehören neben starken Ängsten auch Übergewicht oder Rauchen. Die Methoden der NLP können Dir dabei helfen, diese Probleme anzugehen und auch wirklich zu überwinden. Denn Du wirst Deine persönlichen Ziele sicher sehr viel schneller erreichen, wenn diese Blockaden erst einmal beseitigt sind, was Dir letztlich auch mehr Zufriedenheit mit Dir selbst und mit Deinem Leben bringt.

Führungskräfte, die ein Team leiten, kennen das Problem, dass sie tagtäglich mit neuen Herausforderungen konfrontiert werden. Vermeidbare Probleme innerhalb des Teams treten insbesondere im Zusammenhang mit Kommunikation auf. Die NLP hilft den Betroffenen, zu lernen, wo diese Kommunikationsblockaden sind und wie diese sich erfolgreich durchbrechen lassen.

Die Führungskraft verbessert damit nicht nur ihre Führungsqualitäten, sondern innerhalb des Betriebes herrscht auch ein besseres Arbeitsklima.

Es gibt aber sehr wohl auch Probleme, deren Ursprung in der Vergangenheit liegen und die sich im Unterbewusstsein manifestiert haben. Diese äußern sich in bestimmten Ängsten und haben einen großen Einfluss darauf, wie Du tagtäglich handelst. Mittels NLP lassen sich diese psychischen Probleme, die Du vielleicht nicht einmal selbst zuordnen kannst, ausmachen und im besten Fall schon innerhalb von einer Sitzung lösen.

Auch wenn diese vielfältigen Anwendungsmöglichkeiten auf den ersten Blick utopisch klingen, ist es jedoch ein Fakt, dass Deine Grenzen nur in Deinem Geist bestehen. Die NLP gibt Dir Werkzeuge in die Hand, die es Dir möglich machen, diese Grenzen zu erreichen und zu überwinden. Nach der erfolgreichen Anwendung der Techniken stellst Du vielleicht sogar fest, dass Du Dir in der Vergangenheit eigentlich sogar viel zu niedrige Grenzen gesetzt hast.

Die Grundlagen der NLP

Weil sich verschiedene Strömungen mit unterschiedlichen Interpretationen und Anwendungen entwickelt haben, gibt es keine einheitliche und allgemein gültige Definition für NLP. Allerdings lässt sich der Begriff sehr wohl in drei verschiedene Bestandteile untergliedern:

- Bei der Neurologie steht das Nervensystem des Menschen im Vordergrund, also die Funktionsweise des Gehirns und wodurch diese beeinflusst wird.

- Als Linguistik bezeichnet man die Sprachwissenschaft. Dargestellt wird Sprache hier als ein System, in welchem Funktion, Form und Wahrnehmung der Sprache im Vordergrund stehen.

- Der Begriff Programmieren ist sehr weit gefasst und vor allem in einem Zusammenhang mit Computern assoziiert. In diesem Bereich sagt das Programm dem Computer, welche Operationen er ausführen muss, um eine Anweisung umzusetzen. Bei der NLP geht es letztlich darum, das Gehirn umzuprogrammieren, weil es sich bei den Methoden um klare Anweisungen handelt. Durch das Programmieren soll schließlich das gesetzte Ziel erreicht werden.

Drei wichtige Grundpfeiler sorgen dafür, dass Du Dein Gehirn erfolgreich programmieren kannst, die Du auch klar verstehen musst, wenn Du NLP ergebnisreich einsetzen willst:

Zielorientiertes Handeln ist der erste Grundpfeiler. Denn viele Menschen gehen mit der Einstellung an ihr Leben heran, dass Probleme eben auftauchen, die sie dann abarbeiten müssen. Diese Herangehensweise wird auch problemorientiertes Denken genannt. Allerdings prägen überwiegend negative Emotionen das problemorientierte Denken. Diesen Menschen geht es darum, dass sie bestimmte Ängste vermeiden statt ein positives Ziel zu erreichen. Das problemorientierte Denken hat also das Ziel, die unteren Ebenen der Maslowschen Bedürfnispyramide zu befriedigen. Zwar führen die Betroffenen ein Leben, das halbwegs sicher ist, jedoch plagen sie immer wieder Zweifel und Ängste.

Auch beim zielorientierten Denken geht es um die Lösung von Problemen. Allerdings wird hier die Lösung visualisiert, statt die Probleme stets in den Mittelpunkt zu stellen und sich so von diesen antreiben zu lassen. Wenn Du stattdessen Deine Ziele und das Ergebnis zum Mittelpunkt Deines Denkens machst, nimmst Du die Probleme an sich erst gar nicht mehr wahr. Das eigentliche Problem hast Du damit zwar natürlich noch nicht gelöst, aber es ist für Dich keine Barriere mehr, die Dir unüberwindbar erscheint. Du kannst also besser mit der Situation umgehen und bist Deinem Ziel damit auch schon einen Schritt näher gekommen.

Wahrscheinlich ist auch Dein Leben – wie das der meisten Menschen – von Routinen geprägt, weil Du stets dieselben Tätigkeiten verrichtest und gewissermaßen im gleichen Tagesrhythmus gefangen bist.

Derartige Denkmuster und Angewohnheiten sind durchaus positiv zu bewerten. Schließlich wäre es etwa ein reichlich großer Aufwand, müsstest Du Dir den Weg zu Deiner Arbeitsstelle tagtäglich neu einprägen. Es gibt aber auch negative Angewohnheiten, wie etwa das Rauchen, das Du wahrscheinlich mit einer bestimmten Tätigkeit verbindest. Beispielsweise die Zigarette, die Du Dir nach dem Essen gönnst. Willst Du diese Angewohnheit überwinden, fällt Dir das äußerst schwer.

Die NLP und ihre Methoden machen Dich aber wieder zugänglicher für Veränderungen, sodass Du alte Gewohnheiten und Verhaltensmuster aufbrechen kannst. Aus diesem Grund zählt das Denken außerhalb von eingefahrenen Strukturen ebenfalls zu den Grundpfeilern der NLP. Denn nur dadurch kannst Du neue und positive Denkmuster in Deinem Unterbewusstsein verankern.

Die Kommunikation ist der dritte Grundpfeiler der NLP. Normalerweise betrachtet man die Kommunikation zwischen Menschen, gemäß der NLP zählt aber auch die Beziehung zu Deinem Inneren zur Kommunikation. Wichtig ist es dabei, dass Du nicht nur Deine Mitmenschen, sondern auch Dich selbst besser verstehst. Dadurch ist es Dir möglich, ein positiveres Selbstbild aufzubauen und zugleich das Vertrauen zu Deinem Umfeld zu stärken.

Was macht den Menschen aus?

Im Zusammenhang mit der NLP mag vielleicht der Eindruck entstehen, dass der Mensch aufgebaut sei wie ein Computer, der lediglich die Befehle der Programme befolgt und stets auf die gleiche Art und Weise ausführt. Jedoch ist der Mensch wesentlich komplexer aufgebaut. Das bedeutet: Das gleiche Programm kann von Mensch zu Mensch zu völlig unterschiedlichen Ergebnissen führen.

Der Grund besteht darin, dass Emotionen für jeden Menschen eine äußerst wichtige Rolle spielen, durch welche auch seine Entscheidungen beeinflusst werden. Anders als ein Computer, kann ein Mensch also nicht vollkommen rational handeln. Genau das musst Du auch beachten, wenn Du bestimmte Methoden anwendest. Die Programmierung des menschlichen Gehirns lässt sich also nicht mit der eines Computers vergleichen.

Dennoch ist dieser Vergleich nicht völlig abwegig. Denn die Hardware bestimmt, wie leistungsfähig ein Computer ist. Wie viele Denkprozesse in einem bestimmten Zeitraum durchgeführt werden können, wird bei einem Computer von der CPU vorgegeben. Die Hardware stellt jedoch nur die Grundlage für die Fähigkeiten eines Computers dar. Damit die Hardware überhaupt genutzt werden kann, ist auch die entsprechende Software notwendig, damit der Computer generell einen praktischen Nutzen hat.

So gesehen kann ein Computer also durchaus mit dem menschlichen Gehirn verglichen werden. Denn auch dieses besitzt selbst keine Fähigkeiten, sondern nur die Voraussetzungen, dass der Mensch Fähigkeiten durch Lernen, Erziehung und Erfahrungen umsetzen kann. Damit das Gehirn wirklich praktische Aufgaben erfüllen kann, sind also eigene Erfahrungen und äußere Einflüsse nötig. In den ersten Lebensjahren etwa macht sich der Mensch mit seiner Umwelt vertraut und lernt seine Muttersprache.

Welche Grenzen das Gehirn als Hardware vorgegeben sind, kann der Mensch also nicht greifen. Die größte Herausforderung besteht in den ersten Lebensjahren darin, die Sprache zu erlernen, in späteren Jahren hat der Mensch jedoch die Fähigkeit, dass er sogar mehrere Sprachen erlernen und diese fehlerfrei sprechen kann. Das erscheint in den ersten Lebensjahren noch unmöglich, ist später aber nicht mehr wirklich eine große Herausforderung.

Das wiederum bedeutet, dass sich die Grenzen des Gehirns in den ersten Lebensjahren ständig verschieben. Viele Aufgaben, die einem Kind als unlösbar erscheinen, versteht der Mensch durch Lernen und findet diese Aufgaben im Rückblick nicht einmal mehr kompliziert.

Die Sprache entspricht also im Grunde den Programmierbefehlen bei einem Computer. Die Sprache macht es also möglich, Dich selber und auch die Menschen in Deinem Umfeld „umzuprogrammieren". Wie die Menschen in Deinem Umfeld Dich wahrnehmen wird durch Deine Mimik, Deine Körpersprache und die gesprochenen Worte beeinflusst, ebenso kannst Du Deine Mitmenschen beeinflussen.

Deine Gedanken sind dabei ein äußerst wichtiges Instrument. Diese nimmst Du nämlich so wahr, als würdest Du ein Selbstgespräch führen. Sowohl Deine Gefühlslage als auch Dein Verhalten werden durch Deine Gedanken beeinflusst. Die Gedanken haben sogar die Kraft, Dein Gehirn langfristig zu verändern, weil zwischen Gehirnzellen Verbindungen entstehen, welche Deine Denkweise verändern können. Durch Deine Gedanken kannst Du also tatsächliche und messbare Unterschiede in Deinem Gehirn auslösen. Deine Gedanken haben also einen wesentlichen Einfluss darauf, ob Du glücklich bist und Deine Ziele erreichst.

Vermutlich würdest du Dir wünschen, Du könntest Deine Gedanken so gestalten, dass sich für Dich nur positive Auswirkungen ergeben. Allerdings kann der Mensch seine Gedanken nicht immer so beeinflussen, dass sie ihm Vorteile bescheren. Der Grund dafür besteht darin, dass auch die Gefühlslage eine wichtige Rolle spielt, welche negative Gedanken zur Folge hat. Und auf Deine Gefühlslage Einfluss zu nehmen, ist äußerst schwierig.

Nichtsdestotrotz hast Du sehr wohl die Möglichkeit, Deine alten Denkstrukturen zu korrigieren und zugleich neue aufzubauen, um Deine Gefühlslage zu verbessern. Dass Du Deine Denkmuster so veränderst, dass Du leistungsfähiger wirst, sollte Dir mit den Techniken der NLP in jedem Fall gelingen. Du wirst im Lauf der Zeit also feststellen, dass Du Deine persönlichen Leistungsgrenzen ständig erweitern kannst.

Schließlich ist das Gehirn äußerst flexibel und kann sich mit den richtigen Methoden ständig verbessern.

So beeinflusst Du Deine Erfahrungen

Du bist – wie jeder andere Mensch auch – also im Grunde die Summe Deiner Erfahrungen. Diese nimmst Du durch die eigene Erforschung Deiner Umwelt sowie durch äußere Einflüsse auf. Diese Erfahrungen manifestieren sich schließlich in Deinem Gehirn und werden zu Verhaltensweisen.

Jedoch sind diese Erfahrungen nicht objektiv, sondern subjektiv geprägt. Das zeigt sich etwa daran, dass Zeugen eine völlig unterschiedliche Wahrnehmung des Tathergangs haben können, wenn sie bei der Polizei oder vor Gericht aussagen müssen. Sie beschreiben Personen unterschiedlich oder stellen den gesamten Tatverlauf verschieden dar. Die Zeugen verfolgen damit keine böswillige Absicht, sondern sie haben zum Zeitpunkt der Tat lediglich unterschiedliche Erfahrungen und Erinnerungen gemacht.

Die Sinneswahrnehmungen spielen eine äußerst wichtige Rolle für Erfahrungen. Denkst Du beispielsweise an deinen jüngsten Urlaub zurück, bist Du vermutlich direkt in einer positiven Stimmung. Denn Du nimmst alle Sinneseindrücke, die Du im Urlaub gemacht hast, aus der Erinnerung heraus wieder wahr.

Andere Erfahrungen sind hingegen nicht so eindeutig und geraten rasch ins Wanken, wenn ein kleines Detail ausgetauscht wird. Du hast also sehr wohl die Möglichkeit, Erfahrungen im Nachhinein zu verändern, was sich durchaus auf Deine Verhaltensweisen auswirken kann.

In der NLP wird diese Tatsache aktiv genutzt, weil es in vielen Fällen gar nicht notwendig ist, für die Verbesserung der eigenen Fähigkeiten völlig neu zu programmieren. Vielmehr betrachtest Du Erfahrungen aus der Vergangenheit, welche dein heutiges Verhalten beeinflussen. Du veränderst diese Erfahrungen also dahingehend, dass Du unangenehme Erinnerungen neutralisierst. Dadurch kannst Du Deine Ängste eliminieren und neue Kräfte freisetzen.

Dafür musst Du Deinem Gehirn aber keine Lügengeschichte erzählen. Du musst Dir nur verinnerlichen, dass Deine subjektive Wahrnehmung keinesfalls identisch ist mit der objektiven Wahrheit. Mit Hilfe verschiedener Techniken gelingt es Dir, unterschiedliche Perspektiven einzunehmen und negative Erfahrungen dadurch in positive verwandeln

Das zeigt ein einfaches Beispiel: Als Du zum letzten Mal einen Horrorfilm gesehen hast, hast Du vermutlich während des Films Unsicherheit und Angst verspürt, was auch völlig normal ist. Stell Dir jetzt einfach vor, dass dieser Film von einer unpassenden Musik begleitet wurde, die eher zu einer Slapstick-Komödie gepasst hätte. Obwohl der Film immer noch derselbe ist, verspürst Du dann wohl keine Angst mehr.

Schließlich kannst Du den Film noch einmal betrachten – komplett ohne Musik. Unterbewusst begleitet den Film mit großer Wahrscheinlichkeit nach wie vor die unpassende Musik, sodass Du keine Angst mehr verspürst. Allein dieses Beispiel zeigt auf, wie unterschiedlich Du Deine Erfahrungen wahrnimmst. Denn Deine komplette Gefühlslage hat sich geändert, obwohl der Inhalt des Films der gleiche geblieben ist.

Deine Erinnerungen sind im Grunde nichts anderes als Szenen aus Deinem Leben. Diese Erfahrungen kannst Du mit Hilfe von Techniken aus der NLP dahingehend verändern, dass die Erfahrungen eine andere Struktur bekommen. Du nimmst dann eine negative Erfahrung nicht mehr als so bedrohlich wahr und kannst sie im besten Fall sogar so abändern, dass sie Dich positiv beeinflussen.

Damit Du Deine Erfahrungen verändern kannst, musst Du aber zunächst einmal verstehen, wie diese vom Gehirn wahrgenommen werden. Deine Erfahrungen und Erlebnisse werden nämlich maßgeblich von Deinen Sinnen beeinflusst. Dabei handelt es sich um das Hören, das Sehen, das Riechen, das Schmecken und das Fühlen.

Warum das Festigen von Gefühlen wichtig ist

Zu den wichtigsten Grundtechniken gehört in der NLP das Setzen von sogenannten „Ankern". Im vorgenannten Beispiel ist das Betrachten des Horrorfilms mit bestimmten Gefühlen verbunden. Diese Gefühle wirst Du auch verspüren, wenn Du die Hauptfigur in einem anderen Film siehst oder die Filmmusik hörst. Du empfindest dann die selben Emotionen, die Du mit dem Film verbindest, auch wenn Du ihn gerade nicht schaust.

In der NLP bezeichnet man derartige Verbindungen als Anker. Der Grund: Sie festigen einen mentalen Gefühlszustand. Mentale Anker machen es möglich, dass Du einen bestimmten Gefühlszustand aufrufen und den Du für Dich nutzen kannst. Stehst Du vor einem Bewerbungsgespräch, bist Du vermutlich äußerst nervös und hoffst auf einen optimalen Verlauf.

Damit Du derartigen Stresssituationen besser begegnen kannst, kannst Du einen Anker setzen und dadurch Deine Emotionen beeinflussen. Sobald Du diesen Anker, der ein positives Gefühl erzeugt, aufrufst, verspürst Du unmittelbar mehr Selbstsicherheit, wodurch Deine Erfolgschancen im Bewerbungsgespräch steigen. Den komplexen Gefühlszustand kannst Du durch einfache Handlungen wie etwa eine Handbewegung aufrufen und für Dich nutzen. Das Prinzip des Ankerns ist aber beileibe keine Erfindung der NLP, sondern wurde zuvor schon bei zahlreichen Konditionierungs-Experimenten genutzt. Das bekannteste Beispiel dafür dürfte wohl der Pawlowsche Hund sein, bei dem der Speichelfluss eingesetzt hat, sobald er einen bestimmten Reiz verspürt hat.

Iwan Petrowitsch Pawlow hatte dieses Experiment bereits 1905 durchgeführt und Hunde so konditioniert, dass sie das Geräusch eines Glockenschlags mit Futter in Verbindung brachten. Der Speichelfluss ist beim Hund wiederum eine völlig natürliche Reaktion, sobald er Futter erblickt. Während des Experiments wurde jedes Mal eine Glocke geläutet, wenn die Hunde gefüttert wurden. Wiederholt wurde dies so oft, bis der Hund eine Verbindung mit dem Geräusch und dem Futter hergestellt hatte. Folglich reagierten die Hunde künftig mit unkontrolliertem Speichelfluss, sobald sie eine Glocke hörten.

Anker wie diese kannst aber auch Du ganz bewusst setzen. In bestimmten Situationen kannst Du Deine Gefühle dann so beeinflussen, dass sie sich positiv auswirken und Du einen Vorteil daraus ziehen kannst. Vor wichtigen Prüfungen oder Gesprächen ist es Dir dann möglich, gezielt positive Gefühle aufzurufen, die dafür sorgen, dass Du ruhig und gelassen bleibst. Hast Du

Deine Gefühle besser unter Kontrolle, ist es Dir also möglich, Dein eigenes Potenzial besser zu nutzen, wodurch Du auch Deine Ziele leichter erreichst.

Emotionen sind aber keineswegs nur negativ. Angst vor Prüfungssituationen beispielsweise ist völlig normal und hat auch einen Nutzen, sofern Du nicht von der Angst beherrscht wirst. Denn diese Emotion steigert Deine Aufmerksamkeit, weshalb Du in der Prüfung auch eine bessere Leistung erbringen kannst.

Angstgefühle haben aber auch negative Folgen. Nimmt die Angst so sehr überhand, dass Du keinen klaren Gedanken mehr fassen kannst, wirst Du in der Prüfung kaum erfolgreich abschneiden können. Setzt Du hingegen einen Anker, beeinflusst Du damit Deine Emotionen dahingehend, dass sie Dir stets einen positiven Nutzen bringen. Das zählt zu den Grundlagen der NLP.

Durch die unterschiedlichen Techniken und Methoden, die in der NLP bereit stehen, wirst Du den Umgang in unterschiedlichen Situationen lernen. Denn das Setzen von Ankern ist nur eines von vielen Instrumenten.

Definiere Deine Ziele

Effizienz und Effektivität werden in der Wirtschaft genau abgegrenzt. Im Alltag kennen viele Menschen diesen Unterschied also noch. Die Folge: Sie versuchen zwar, aus ihrem Leben das Beste zu machen, allerdings völlig ziellos. Sie können ihre Ziele also nicht verwirklichen und auch nicht richtig glücklich werden.

Der Begriff Effizienz bedeutet, ein bestimmtes Ziel mit dem Einsatz von möglichst wenig Ressourcen zu erreichen. Übertragen auf Dich bedeutet das, dass Du Deine Ziele in möglichst kurzer Zeit oder ohne großen finanziellen Aufwand erreichen sollst. Die größtmögliche Effizienz ist aber vergebliche Liebesmüh, wenn Du Deine Ziele im Vorfeld nicht genau definiert hast.

Mit dem Begriff Effektivität ist gemeint, die richtigen Ziele zu erreichen. Für Dich bedeutet das: Bevor Du mit der NLP beginnst, musst Du genau formulieren, was Du eigentlich erreichen möchtest. Und dabei geht es um keine allgemeinen und interpretierfähigen, sondern um ganz konkrete Ziele.

Die meisten Menschen haben vermutlich ungefähre Ziele für ihr Leben wie etwa ein harmonisches Familienleben oder beruflicher Erfolg. Diese Ziele sind jedoch sehr allgemein formuliert und in aller Regel weiß auch keiner, wie er diese erreichen kann. Kannst Du selbst exakt sagen, was derzeit Dein wichtigstes Ziel ist, in welches Du auch den größten Teil Deiner Zeit investierst?

Klar definierte Ziele sind nämlich die Grundvoraussetzung dafür, dass Du NLP erfolgreich durchführen kannst. Dabei musst Du aber auch sagen können, ob dieses Ziel Dich auch tatsächlich voran bringen kann. Diese Ziele zu verfolgen macht nämlich nur dann wirklich Sinn, wenn sie auch in die Vorstellung von Deinem Leben insgesamt passen. Denn nicht selten kommt es vor, dass Du das eigentliche Ziel aus den Augen verlierst, weil Du von anderen Aufgaben abgelenkt bist, die zwar momentan einen positiven Effekt für Dich haben, dem langfristigen Ziel aber nicht wirklich dienlich sind. Die klare Formulierung und Definition hat den Sinn, dass Du diese Ziele objektiv betrachtest und Dich somit auch leichter an Deine eigenen Vorgaben halten kannst.

Dadurch verhinderst Du, dass Du Deine Motivation oder gar das komplette Ziel aus dem Auge verlierst.

Dir ein Ziel zu setzen ist jedoch lediglich der Anfang. Das Problem kennst Du vermutlich, wenn Du Vorsätze für das neue Jahr fasst: Die Ziele sind schnell formuliert, aber die Motivation, diese auch umzusetzen, ist schon nach kurzer Zeit verflogen.

Hinsichtlich der Ziele musst Du drei Schritte machen, damit Du auch wirklich erfolgreich bist. Zunächst einmal musst Du Ziele setzen, die sich realistisch erreichen lassen und Dir Nutzen bringen. Hast Du das Ziel erreicht, muss es tatsächlich einen Mehrwert für Dein Leben haben und darf Deinen Werten nicht entgegenstehen. Schließlich musst Du auch die Motivation aufbringen, das Ziel zu erreichen, selbst wenn Du eine Phase erlebst, in der Du glaubst, Du könntest die Energie nicht aufbringen, um das Ziel zu erreichen.

Erst dann fängst du an zu handeln. Welche Handlungen notwendig sind, ist natürlich von Ziel zu Ziel unterschiedlich, aber die grundsätzlichen Schritte sind in jedem Fall die selben.

Der Unterschied zwischen Träumen und Zielen

Wirklich wunschlos glücklich sind wohl die wenigsten Menschen. Du selbst hast vermutlich auch einen Traum, den Du verfolgst und der Dich antreibt. Diesen Traum verbindest Du mit positiven Gefühlen, weil Du Dir sicher bist, dass Du glücklich bist, wenn Du ihn erreichst.

Bei diesem Traum kann es sich um ein bestimmtes Auto ebenso handeln, wie um die Reise in ein fernes Land oder mehr Geld. Hierbei handelt es sich aber keineswegs um Ziele, sondern um Wünsche. Diese bestimmen Dein Handeln, können aber sehr wohl die Grundlage für ein klar definiertes Ziel sein. Derartige Wünsche kannst Du also als Antreiber betrachten. Diese können Dir sehr wohl dabei helfen, ein klares Ziel zu stecken. Das geht aber nur, wenn Du Deine Wünsche formulierst und sie Dir vor Deinem inneren Auge vorstellst. Diese Wünsche kannst Du also durchaus als Initialzündung dafür betrachten, sie in Form eines Ziels zu erreichen.

Jedoch solltest Du diese Wünsche von unrealistischen Dingen abgrenzen, auf die du selbst keinerlei Einfluss hast. Ein klassisches Beispiel dafür ist der Lottogewinn, weil du Dir wünschst, dass jene Zahlen gezogen werden, die Du getippt hast. Dieser Wunsch verleiht Dir aber nicht die geringste Kraft, weil Du daraus keinerlei Handlungsempfehlung ableiten kannst, die Dir dabei helfen könnte, dass dieser Wunsch tatsächlich in Erfüllung geht.

Derartige Träume sind aber keineswegs negativ, weil Du damit positive Gefühle in Dir wecken kannst. Diese Emotionen wiederum können Dir sehr wohl dabei helfen, ein anderes Ziel zu erreichen. Dennoch hat dieser Wunsch nicht das Geringste mit einem klar formulierten und definierten Ziel zu tun. Du musst also dennoch Ziele definieren, für deren Erreichen Du klare Handlungen machen kannst.

Erfolgreiche Menschen werden Dir vermutlich oftmals sagen, der Weg sei das Ziel, was für Dich wie eine Floskel klingt. Diese Aussage ist in ihrem Kern jedoch wahr, weshalb Du für die Formulierung Deiner Ziele auch vorher gut überlegen solltest, wie du sie formulierst. Denn würdest Du all Deine Ziele auf einmal erreichen, heißt das noch nicht, dass Du dadurch auf lange Sicht betrachtet zu einem glücklichen Menschen wirst.

Realistisch betrachtet ist es nämlich so, dass Du Dir neue Ziele setzen wirst, sobald Du eines erreicht hast. Im Lauf der Zeit werden diese Ziele also immer umfangreicher. Es kann jedoch nicht der Sinn Deines Lebens sein, ständig neuen Zielen nachzulaufen. Hast Du alle Ziele erreicht, verspürst Du das Gefühl der Befriedigung meist nur für eine kurze Zeit, bist aber auf lange Sicht gesehen kaum glücklicher. Willst Du hingegen langfristig glücklich sein, solltest Du also auch den Weg dahin miteinbeziehen.

Beschreibe Deine Werte

Hinter Deinen Zielen steckt grundsätzlich auch immer Deine Motivation, also jener Antrieb, der Dich tagtäglich handeln lässt. Aber weißt Du eigentlich, wofür genau Du lebst und was Deine inneren Werte sind? Herauszufinden, was Deine persönlichen Werte sind, hilft Dir dabei, Dich besser kennenzulernen. Diesen Schritt solltest Du deshalb noch unternehmen, bevor Du Deine persönlichen Ziele formulierst. Denn diese sollten in jedem Fall im Einklang mit Deinen persönlichen Werten stehen.

Und hier beginnt schon ein Problem: Denn es fällt Dir vielleicht schwer, Deine persönlichen Werte zu definieren, weil es in der Gesellschaft verschiedene Werte gibt, die als gemeingültig anerkannt sind. Beispielsweise gilt Reichtum für viele Menschen als Wert, weil sie Geld als Symbol für Erfolg betrachten und ihren Selbstwert über den persönlichen Besitz definieren. Derartige Werte übernimmst Du vielleicht auch als persönliche Werte, weil eben ein großer Teil der Gesellschaft diese Werte auch vorlebt.

Anerkennung und materielle Dinge sind aber bei weitem nicht die einzigen Werte, die Du für Dich festlegen kannst. Weil Du ein unabhängiges Leben liebst und Du gern reist, zählt zu Deinen persönlichen Werten vielleicht in erster Linie Freiheit. Oder aber Dir ist in zwischenmenschlichen Beziehungen Harmonie äußerst wichtig. Dann solltest Du für Dich Ziele definieren, die genau mit diesen Werten in einem Einklang stehen. Denn Deine Ziele solltest Du möglichst gut im Hinblick auf Deine persönlichen Werte hin abstimmen.

Dadurch wird für Dich nämlich auch der Weg zum Ziel. Schließlich stellen Deine Werte einen Grundsatz dar, nachdem Du Dein tägliches Leben ohnehin gestaltest. Du hast also am Abend eines jeden Tages die Genugtuung, dass es Dir möglich ist, Dein Leben nach Deinen Werten hin auszurichten. Verletzt Du hingegen Deine Werte, um ein bestimmtes Ziel zu erreichen, wirst Du sehr schnell unzufrieden.

Ist Freiheit und Unabhängigkeit für Dich ein wichtiger Wert, wirst Du in einem Bürojob, in dem Du in einem starren Korsett gefangen bist, bist Du sehr wahrscheinlich unglücklich, auch wenn Du damit ein längerfristiges Ziel verfolgst. Denn angenehmer ist es natürlich, wenn Du bereits gemäß Deinen Werten handeln kannst, während Du Dein Ziel verfolgst.

Es kann aber durchaus auch der Fall sein, dass Du Deine Werte noch nicht kennst oder Dir dessen nicht bewusst bist, nach welchen Werten Du Dein Leben eigentlich gestaltest. Meist werden Menschen ihre Werte nämlich erst dann bewusst, wenn sie missachtet werden. Bist Du beispielsweise ein sehr gerechtigkeitsliebender Mensch, hast Du vermutlich ein sehr großes Problem damit, wenn ein Mitmensch ungerecht behandelt wird. Achte also darauf, ob durch ein bestimmtes Ereignis Dein Unmut erregt wurde und Deine Werte dabei missachtet wurden.

Im Vordergrund stehen Werte auch immer dann, wenn es gelungen ist, diese zu verwirklichen. Sie können also auch positive Gefühle erzeugen. Wenn Du einen besonders schönen Tag erlebt hast, kann das durchaus damit zusammenhängen, ob vielleicht ein für Dich wichtiger Wert verwirklicht wurde, etwa weil Du ein tiefgründiges Gespräch mit einem geschätzten Menschen geführt hast.

Wenn es Dir gelingt, die eigenen Werte zu veranschaulichen und jene Dinge, die Dir wirklich wichtig sind, besser kennenlernst, ist Dir schon einmal der erste Schritt gelungen, um ein glücklicheres Leben zu führen. Der Grund: Werden bestimmte Werte ständig verletzt, führt das zwangsläufig zu Unzufriedenheit, was auch einen negativen Einfluss auf andere Lebensbereiche hat.

Mehr Geld als Ziel?

Hast Du Deine persönlichen Werte erst einmal gefunden, hilft Dir das auch auf Deinem weiteren Lebensweg weiter. Ganz gleich, ob Du mehr Spaß haben oder Abenteuer erleben möchtest oder Dir einfach mehr Freiheit wünschst. Ein Faktor ist dabei immer wichtig, auch wenn es sich dabei für Dich um keinen persönlichen Wert handelt: Geld. Auch wenn es für

Dich keine Bedeutung hat, so stellt es doch ein Mittel zum Zweck dar, damit Du Dein Ziel erreichen kannst.

Weil Geld allein nun eben einmal nicht glücklich macht, solltest Du dessen Rolle aber auch nicht überbewerten. Auch laut der Maslowschen Bedürfnispyramide steigert Geld die Zufriedenheit nur bis zu einem gewissen Grad.

Eine höhere Zufriedenheit bringt Geld mit sich, wenn Du tagtäglich damit kämpfen musst, Deine Grundbedürfnisse zu befriedigen, Dich beim Einkauf im Supermarkt einschränken musst oder rechtzeitig Deine Miete zu bezahlen. Leidest Du hingegen nicht unter Existenzängsten und hast einen guten und sicheren Job, spielt Geld für Deine Lebenszufriedenheit so gut wie keine Rolle mehr. Indirekt hat Geld aber sehr wohl einen Einfluss auf Deine Lebenszufriedenheit, weil es Dir dabei hilft, deine Ziele zu erreichen und Deine Werte zu erfüllen.

Wenn Du Geld also entsprechend definierst, hast Du die Möglichkeit, herauszufinden, ob Du ein Ziel nur erreichen möchtest, um mehr Geld zu erhalten oder ob dies aus einem inneren Antrieb heraus erfolgt. Stell Dir dafür einfach vor, dass Dir am nächsten Tag eine große Summe zur Verfügung steht, Du deshalb keine Geldsorgen mehr haben wirst und Dir alle Wünsche erfüllen kannst. Würdest du Dein Ziel auch dann noch weiter verfolgen? Oder würdest Du auch dann noch versuchen, Dein Ziel zu erreichen, wenn du kein Geld hast?

Definierst Du ein Ziel, für dessen Erreichen Du kaum Geld brauchen würdest und an dem Du nicht festhalten würdest, wenn Du ausreichend Geld hättest, solltest Du diesem Ziel keine sonderlich hohe Priorität zumessen. Denn Deine Motive hängen einzig und allein vom Geld ab und kommen nicht aus einem inneren Antrieb heraus.

Diese Vorstellung zeigt umgekehrt aber auch auf, dass sich das Streben nach mehr Geld durchaus auch lohnen kann. Denn benötigst Du für das Erreichen eines bestimmten Zieles ein gewisses Kapital und Du würdest es auch dann noch weiter verfolgen, wenn du viel Geld zur Verfügung hättest, solltest Du mittelfristig nach mehr Geld streben. Schließlich brauchst Du diese finanziellen Mittel, um das Ziel überhaupt erst erreichen zu können. Ein höheres Einkommen kann in diesem Fall durchaus ein lohnendes Zwischenziel darstellen.

Kannst Du Dein Ziel auch ohne nennenswerte Finanzmittel erreichen, verfolge Deine Ziele und leg den Fokus nicht unbedingt auf das Thema Geld. Andererseits brauchst Du für das Erreichen vieler Ziele Geld, weshalb Du Dir in diesem Fall erst einmal eine stabile Basis schaffen und eine gute berufliche Position erreichen solltest, um die Ziele langfristig zu erreichen. Denn dann brauchst Du auch nicht zu befürchten, eines Tages unter existenziellen Ängsten leiden zu müssen. Hinzu kommt die Tatsache, dass Du dann eine langfristige Perspektive hast und ungestört daran arbeiten kannst, Deine Ziele zu erreichen.

Weil die Arbeit an sich aber kein Selbstzweck ist, solltest Du daran arbeiten, eine gute Balance zwischen der beruflichen Karriere und Deinen Werten zu finden. Auf diese Art gelingt es Dir, Deine Ziele langfristig zu erreichen und findest zugleich beruflich Deine Erfüllung.

Wie soll das Ziel formuliert werden?

Weil es wenig Sinn macht, dass Du einem Ziel hinterher jagst, das für Dich im Grunde keine Bedeutung hat oder das Dich nicht zufriedener macht, ist es umso wichtiger, die richtigen Ziele festzulegen und zu definieren. Das hat auch noch einen anderen Grund: Denn je besser Du Dein Ziel kennst und in Deinem inneren Auge manifestieren kannst, umso einfacher ist es für Dich auch, dieses Ziel zu erreichen.

Die meisten Menschen würden wohl auf Anhieb sagen, dass sie ihre Ziele sehr gut, genauer betrachtet haben sie jedoch allenfalls eine grobe Vorstellung davon, weil sie es nicht genau definiert, sondern nur eine sehr schwammige Vorstellung davon haben.

Wird die NLP genau angewendet, lassen sich damit aber durchaus weitreichende Veränderungen erzielen, die zum Erreichen eines bestimmten Ziels führen. Die genaue Zieldefinition ist jedoch insofern erforderlich, weil durch die Programmierung andere Lebensbereiche beeinflusst werden und Du vom Erreichen des eigentlichen Zieles abweichst.

Damit es Dir gelingt, das Ziel zu erreichen, muss dieses klar strukturiert sein, was auch wohlgeformtes Ziel genannt wird. Dieses zeichnet sich durch eine Struktur aus, die Dir dabei helfen kann, dass Du bestimmte Erwartungen auslösen kannst. Stellst Du Dir das Ziel vor, spielen sich Gedanken, Gefühle und Sinneseindrücke in Deinem Inneren ab, die so stark sind, dass Du sie als Motivation wahrnimmst. Hat das Ziel eine richtige Struktur, bleibst Du also auf dem richtigen Weg und Du wirst zugleich stets motiviert. Das wiederum regt Deine Handlungskraft an und es ist umso wahrscheinlicher, dass Du Dein Ziel auch erreichst.

Wie sollte das Ziel aussehen?

Willst Du ein zufriedeneres und erfolgreicheres Leben führen, ist die genaue Zieldefinition insofern wichtig, als Du weißt, worauf Du hinarbeitest. Die konkrete Formulierung ist also wichtig, damit Du auch wirklich einen Nutzen davon hast, wenn Du Dein Ziel erreicht hast. Viele Menschen machen jedoch den Fehler, lediglich allgemeine Ziele zu definieren, etwa mehr Erfolg im Beruf oder die bessere Pflege von sozialen Kontakten. Bei derartigen Zielen lässt sich NLP jedoch nicht anwenden, weil sie zu allgemein sind, sodass es auch schwierig ist, einen guten Weg zum Erreichen der Ziele zu finden.

Ein Beispiel für ein konkretes Ziel: Wenn Du schüchtern bist und es Dir schwer fällt mit Menschen in Kontakt zu kommen, kannst Du Dir das Ziel setzen, eine Freizeitgruppe zu besuchen und dort neue Menschen kennenzulernen. Weil es sich hierbei um ein sehr konkretes Ziel handelt, kannst du es auch leichter umsetzen. Allein die Wahrnehmung dessen, wie Du das Ziel formulierst, erleichtert Dir möglicherweise die Umsetzung. Nimmst Du Dir dagegen vor, dass Du künftig nicht mehr so schüchtern sein willst, stehst Du schon vor dem ersten Hindernis. Dadurch listest Du nämlich Deine negativen Seiten auf oder gibst diese im Ziel wieder. Damit hältst Du Dir Deine negativen Seiten aber auch ständig vor.

Besser ist es also, wenn Du ein Ziel positiv formulierst. Du sagst Dir also nicht, dass Du nicht mehr so schüchtern sein möchtest, sondern dass Du mit neuen Menschen offener umgehen möchtest. Dadurch hast Du das Positive im Auge und reduzierst Dein Ziel nicht darauf, dass Du etwas Negatives loswerden möchtest.

Ziehst Du Vergleiche, kann das ebenfalls ein Problem für Deine Zielsetzung sein. Wünscht Du Dir zum Beispiel mehr Erfolg im Beruf, wirst Du immer jemanden vor Dir haben, der schon einen Schritt weiter ist als Du. Dadurch gelangst Du gewissermaßen in einen Teufelskreis und Du wirst kaum eine Erfüllung verspüren, sobald Du das Ziel erreicht hast. Hinderlich ist es nicht nur, wenn Du Dich mit anderen Personen, sondern auch mit Dir selbst vergleichst. Das bringt Dir nur einen langfristigen Nachteil, weil Du stets Deine Ausgangslage im Auge behalten musst. In Deinem Inneren behältst Du also die negativen Eigenschaften, welche Du eigentlich loswerden möchtest, bei. Ziehe also besser keinen Vergleich, wenn Du Dein Ziel formulierst, sondern formuliere es einfach nur positiv.

Vielleicht hast Du schon vor Jahren verschiedene Ziele definiert, an deren Verwirklichung Du bis heute arbeitest? Hast Du Dir einen konkreten Zeitraum gesetzt, bis wann Du die Ziele erreichen möchtest oder hast Du Dir keinerlei zeitliche Einschränkung gesetzt?

Von Natur aus ist der Mensch nämlich nicht so ehrgeizig, dass er seine Ziele kontinuierlich und konsequent verfolgt. Ist es möglich, verschiebt er das Erreichen der Ziele lieber auf einen späteren Zeitpunkt und sagt sich, dass er sie schon irgendwann erreichen wird. Ein zeitlicher Rahmen, in dem Du Dein Ziel erreichen möchtest, ist also wichtig, damit Du auch die notwendige Disziplin aufbringst, um konsequent am Erreichen Deines Ziels zu arbeiten. Ansonsten besteht nämlich die Gefahr, dass Du immer mehr Ziele anhäufst, die Du nebenbei mitlaufen lässt aber nicht wirklich angehst. Dass Du wirklich täglich daran arbeiten musst, um Dein Ziel zu erreichen, erkennst Du nur, wenn Du Dir einen zeitlichen Rahmen dafür setzt. Ansonsten besteht die große Gefahr, dass Du Dich lieber anderen Dingen widmest und Dein Ziel aus dem Auge verlierst.

Wichtig bei der Formulierung des Zieles ist außerdem, dass es sich um ein Ziel handelt, welches Du aus eigener Kraft erreichen kannst. Wenig sinnvoll ist beispielsweise ein Ziel, das lautet, dass Du binnen eines Jahres einen hohen Lottogewinn erzielen möchtest. Darauf hast Du selbst keinen Einfluss, sondern bist abhängig von Fortunas Gunst. Auch ob Dir der berufliche Aufstieg gelingt, hängt davon ab, wie wohl Dir Dein Vorgesetzter gesonnen ist. Du solltest Dir also Ziele setzen, über die Du allein voll und ganz die Kontrolle hast. Bezüglich Deiner Karriere formulierst Du also besser ein Ziel, das lautet, innerhalb des nächsten Monats ein Gespräch mit Deinem Vorgesetzten zu führen, bei dem Du sicher auftrittst. Dieses Ziel kannst Du selbst verwirklichen und ist in einem klar definierten Zeitraum möglich. Dieses Ziel motiviert Dich also und Du behältst die Kontrolle voll und ganz.

Setzt Du Dir ein größeres Ziel, welches Du innerhalb eines Jahres verwirklichen möchtest, fühlst Du Dich im ersten Moment vielleicht überfordert. Denn es ist nicht unbedingt einfach, die Motivation über ein Jahr hinweg aufrecht zu erhalten und es fällt Dir wohl auch schwer, das Richtige zu tun, um das Ziel auch zu erreichen. Die Unterteilung des Hauptziels in kleinere Unterziele zählt deshalb zu den wichtigen Techniken in der NLP.

Willst Du also ein Ziel binnen eines Jahres erreichen, solltest Du zunächst herausfinden, welche kleinen Erfolge Dich voranbringen könnten. Diese kannst Du dann beispielsweise als Unterziele definieren, die Du Monat für Monat erreichen möchtest. Legst Du diese kleinen Unterziele fest, hältst Du Deine Motivation aufrecht und es ist um einiges wahrscheinlicher, dass Du Dein Hauptziel erreichst.

Als große Herausforderung erscheint es beispielsweise, einen Berg erklimmen zu wollen, der Dir unbezwingbar erscheint, wenn Du ihn immer nur vom Fuß aus betrachtest. Teilst Du den Aufstieg hingegen in kleine Teiletappen ein, erreichst Du das Gesamtziel Schritt für Schritt. Du erlebst also immer wieder kleine Erfolge und verlierst Deine Motivation nicht.

Sobald Du das Ziel klar und deutlich definiert hast, solltest Du Dir noch Gedanken darüber machen, welchen Wert dieses Ziel erfüllen wird. Wichtig dabei ist, dass die Werte auch wirklich Du definiert hast. Der Grund: Nicht selten gibt es äußere Einflüsse, die ein Ziel oder einen Wert förmlich erzwingen wollen. Das solltest Du abgleichen, wenn Du Dein Ziel formulierst, damit Du damit tatsächlich Deine eigenen Werte erfüllst.

Wann ist das Ziel erreicht?

Auf den ersten Blick klingt diese Frage paradox. Jedoch ist Fakt, dass es Ziele gibt, die einem bestimmten Zustand entsprechen, also klar ist, wann Du das Ziel erreicht hast, aber auch Ziele, bei welchen das nicht der Fall ist. Formulierst Du ein Ziel ohne einen klar definierten Endpunkt, gibt es in der NLP einige Techniken, mit welchen sich dieser Zustand herbeiführen lässt. Der Grund: Hast Du keine Möglichkeit, dir Vorzustellen, wie der Zustand ist, wenn Du das Ziel erreicht hast, fehlt Dir unter Umständen die Motivation dafür, das zu tun, was für das Erreichen des Ziels wichtig ist.

Als Schüler hast Du Dir wahrscheinlich schon lange vor dem Abschluss gewünscht, endlich das ersehnte Abschlusszeugnis endlich in Händen zu halten und die schulische Laufbahn hinter Dir zu lassen. Hierbei handelt es sich um einen klar definierten Endpunkt, der auch innerhalb einer bestimmten Zeit eintritt. Bei einem Ziel wie selbstsicherem Auftreten, kannst Du Dir hingegen wohl kaum vorstellen, wie das Ziel letztlich aussieht.

Du musst Dein Unterbewusstsein also so vorbereiten, dass es für Dich klar erkennbar ist, wenn Du Dein Ziel erreicht hast. Das gelingt Dir auch in mehreren Schritten: Zunächst machst Du Dir klar, was Du unternimmst, damit Du das Ziel erreichst. Beispielsweise stellst Du Dir vor, dass Du vor dem Spiegel selbstsicheres Reden einübst. Anschließend stellst Du Dir vor, was Du machst, sobald Du das Ziel erreicht hast und welche Emotionen Du nach dem Erreichen verspürst.

Diesen sogenannten Zielzustand musst Du Dir deutlich mit allen Sinnen einprägen. Du solltest also versuchen, Dir vorzustellen, was Du vor Deinem inneren Auge siehst, was Du in der Umgebung hörst und was Du riechst.

Dir vorzustellen, wie es Dein Leben verändern wird, wenn Du Dein Ziel erreicht hast, kann Dir dabei helfen. Schließlich geht es bei der Zielsetzung und in der NLP in erster Linie um eine Veränderung Deines Lebens, weshalb Du Deine Ziele auch entsprechend formulieren solltest. Falls Du keine Veränderung wahrnimmst, wenn Du Dir die Zielerreichung vorstellst, wird es Dir wohl auch an der Motivation fehlen, das Ziel auch längerfristig zu verfolgen.

Vor der Formulierung eines Ziels solltest Du Dir also genau überlegen, welche Veränderungen in Deinem Leben das mit sich bringt. Sehr viele Ziele führen nämlich nur vordergründig zur Zufriedenheit, bringen aber keine langfristige Änderung mit sich.

Insbesondere solltest Du deshalb bei Konsumzielen vorsichtig sein, weil diese nicht wirklich langfristige Ziele darstellen. Hast Du diese Ziele erreicht, bist Du meist nur für kurze Zeit zufrieden und Du führst nach wie vor kein erfülltes Leben. Welche grundlegenden Veränderungen sich in Deinem Leben ergeben, sobald Du ein Ziel erreicht hast, solltest Du Dir also immer wieder vor Augen halten. Verbessert sich Dein Leben kaum oder nur kurzzeitig, bist Du mit einem anderen Ziel vermutlich besser beraten.

So kannst Du Deine Ziele besser erreichen

Nun lautet die Frage, wie Du Deine Ziele erreichen kannst und welche Ressourcen Du dafür benötigst. In erster Linie denkst Du dabei vermutlich an Geld, weil Du das benötigst, um die meisten Ziele zu verwirklichen. Allerdings gilt Geld in der NLP nicht als beachtenswerte Ressource. Denn viel wichtiger sind Deine Fähigkeiten und Kräfte. Grundsätzlich gilt dabei, dass Du alle Ressourcen, die Du benötigst, bereits besitzt. Diese Ressourcen kannst Du aus den Kenntnissen und Erfahrungen aus der Vergangenheit schöpfen und schließlich auch einsetzen, um Deine Ziele zu erreichen.

Wichtig sind dabei insbesondere die Motivation sowie Deine geistigen Fähigkeiten. Hierbei handelt es sich um Eigenschaften wie Geduld, Ausdauer oder Fleiß. Wenn Du in der Vergangenheit schon einmal viel Energie aufgebracht hast, um zielstrebig einen Wunsch zu verwirklichen, solltest Du Dich wieder in diesen Zustand begeben. Dann fällt es Dir umso leichter, dass Du die dafür notwendige Energie aufbringst.

Erinnerst Du Dich an jene Zeit und die entsprechenden Handlungen, kannst Du die Gefühle von damals auch mit Deinem Einsatz, den Du jetzt erbringst, in eine Verbindung bringen. Du kannst Dir auch vorstellen, wie gut Du Dich nach dem Erreichen Deines Ziels gefühlt hast. Es gibt also sehr wohl Ressourcen, die um einiges wichtiger sind als Geld, diese hast Du aber bereits.

Fehlt es Dir hingegen tatsächlich an einer Ressource, musst Du diesen Mangel im ersten Schritt beseitigen. Warst Du beispielsweise in der Vergangenheit nicht immer fleißig oder hat es Dir an Geduld gefehlt? Dann solltest Du die entsprechende Ressource verbessern und Dir als erstes Unterziel beispielsweise setzen, Deinen Fleiß zu verbessern. Oder dass Du ohne Pause auch über einen längeren Zeitraum hinweg arbeiten kannst. Ein wichtiger Faktor dafür ist etwa Deine Konzentrationsfähigkeit, die Du jedoch mit gezielten Übungen verbessern kannst.

Wenn Du diese Tipps angewendet hast, solltest Du Dir Dein Ziel nun visualisieren, damit Du es vor Deinem inneren Auge hast. Denn Du weißt nun genau, wie das Ziel aussieht, und was Du tun musst, um es zu erreichen. Hinzu kommt, dass Du aus Deinem Inneren heraus motiviert bist, um Dein Ziel auch zu erreichen. Die Zieldefinition ist insofern wichtig, als es umso wahrscheinlicher ist, dass Du Dein Ziel erreichst, je stärker es in Deiner Wahrnehmung gefestigt ist.

Auch wenn es positive Auswirkungen auf Dich hat, das Ziel erreicht zu haben, solltest Du Dir auch darüber im Klaren sein, dass damit auch negative Seiten verbunden sein werden. Denn Deine Ressourcen sind begrenzt, weshalb Du Prioritäten setzen musst. Die Zeit, in der Du äußerst fleißig bist, ist oft nämlich auch mit Entbehrungen verbunden.

Bevor Du Dich daran machst, Dein Ziel zu erreichen, musst Du Dir also auch die negativen Konsequenzen bewusst machen. Das gilt vor allem, wenn ein Ziel lautet, Deine Persönlichkeit zu verändern. In Deinem Umfeld kann es dann nämlich sehr wohl negative Reaktionen geben, weil nicht jeder positiv auf Deine neue Offenheit oder Selbstsicherheit reagiert.

Deshalb machst Du Dir besser im Vorfeld einen Plan darüber, wie Du damit umgehen wirst, damit Du von den negativen Reaktionen nicht überrascht wirst. Diese Situation solltest Du in Gedanken mehrfach durchspielen, weil dadurch die mit den negativen Konsequenzen verbundenen Gefühle weniger werden. Dadurch erhältst Du insgesamt ein realistisches Bild davon, was passiert, wenn Du Deine Ziele erreicht hast.

Im Grunde geht es also darum, dass Du herausfinden musst, was für Dich wichtig ist und was Dich glücklich macht. Dann weißt Du auch, wohin Die Reise Deines Lebens hingehen wird und welche Wege Dich zu mehr Zufriedenheit führen.

Finde die eigene Motivation

Sobald Du herausgefunden hast, welche Werte Dir wirklich wichtig sind und wie Deine Ziele lauten, kannst Du daran gehen, diese zu verwirklichen. Schließlich verbindest du es auch mit Erfolg, wenn Du die Ziele erreicht hast. Doch was ist Erfolg eigentlich?

Sobald Du ein Ziel erreicht hast, nimmst Du dies als Erfolg wahr. Denn Du bist glücklich darüber, dass Du Deine Zeit und Deine Arbeit erfolgreich investiert hast. Derartige Erfolgserlebnisse steigern aber auch Dein Selbstbewusstsein. Zudem erkennst Du, dass Du alle Ziele erreichen kannst, die Du Dir selbst gesteckt hast, wenn Du dafür hart genug arbeitest. Natürlich prägen aber auch negative Emotionen und Rückschläge Deinen Weg zum Erfolg. Das sind jedoch wichtige Erfahrungen, die Du in Deinem weiteren Leben sicher noch nutzen kannst. Dein Erfolg hat nämlich nicht zuletzt deshalb eine große Bedeutung für Dich, weil Du zweifellos auch durch schlechte Zeiten gegangen bist, die Du erfolgreich überwunden hast.

Damit dieses Erfolgserlebnis aber auch eintritt, muss sich der Erfolg mit Deinen persönlichen Werten vereinen lassen, die Du ja im Vorfeld festgelegt hast. Deshalb kannst Du Dein ganzes Leben rund um die für Dich wichtigen Werte aufbauen und diese verwirklichen, sodass sich das Erfolgsgefühl einstellt. Stellst Du hingegen kein Erfolgsgefühl fest, hast Du vermutlich nicht ausreichend auf Dein Bauchgefühl gehört und Deine Werte verletzt. Dann stellst Du fest, dass Du lediglich ein Ziel erreicht hast, das für Dich im Grunde keine allzu große Bedeutung hat.

Ein weiterer Aspekt besteht darin, dass der Erfolg ausschließlich auf Deinem eigenen Handeln aufbaut. Erbst Du plötzlich einen hohen Geldbetrag, ist das zwar erfreulich für Dein Bankkonto, allerdings hast Du dafür keine eigene Leistung erbracht. Das ist also kein Erfolg im eigentlichen Sinne, weil Du nicht selbst auf dieses Ziel hingearbeitet hast.

Von Haus aus ist der Mensch im Grunde seines Herzens faul – oder positiv formuliert effizient. Denn grundsätzlich versucht der Mensch, so wenig Energie wie möglich aufzubringen. Sind seine Grundbedürfnisse erfüllt, fehlt ein weiterer Antrieb. Dabei lebt der moderne Mensch in einer äußerst komfortablen Welt, denn durch Sozialleistungen werden die Grundbedürfnisse eines jeden abgedeckt.

Sind die Grundbedürfnisse erfüllt, ist jedoch nur das Überleben des Menschen gesichert, glücklich oder zufrieden wird der Mensch allein dadurch ganz gewiss nicht. Erst wenn sich der Mensch veranschaulicht, dass ihn eine bestimmte Handlung zufriedener macht oder zu einem besseren Leben führt, führt er diese überhaupt erst durch.

Dabei ist die Motivation umso größer, je mehr Einfluss die Handlung darauf hat, wie es um die Zufriedenheit in Zukunft bestellt ist. Eine äußerst große Motivation für viele Menschen ist Geld, weshalb auch viele Handlungen ausgeführt werden, um mehr Geld zu verdienen. Gewissermaßen trifft also die Aussage, dass der Mensch für Geld alles tun würde zu. Eine hohe Motivation stellt selbst der Zugewinn von kleinen Beträgen für Menschen dar, die nur sehr wenig Geld haben.

Zahlreiche Ziele und Tätigkeiten, die eine positive Auswirkung auf Dich hätten, stehen jedoch in keiner Verbindung zu Geld. Vielleicht hast Du Dir zu Silvester ja vorgenommen, mehr Sport treiben zu wollen. Und schon nach wenigen Wochen merkst Du, dass Du Dir selbst nicht treu bist und das Ziel nicht erreichen wirst.

Das bedeutet, dass Deine Motivation nicht ausreichend hoch ist, um diese Handlung auszuführen, damit Du Dein Ziel erreichst. Schließlich bedeutet es einiges an Anstrengung, nach einem langen Arbeitstag auch noch das Fitness-Studio zu besuchen und auf eine gesunde Ernährung zu achten. Folglich wirst Du Dein Ziel nicht erreichen, wenn die Motivation nicht ausreicht, um Dich dazu zu überwinden.

Die NLP hilft Dir dabei, die Motivation auch dann auch aufrecht zu halten, selbst wenn die Umsetzung äußerst anstrengend ist. Es gelingt Dir also, den inneren Schweinehund zu überwinden und die Ziele, die Du Dir gesteckt hast, auch zu verwirklichen.

Motivation ist nicht gleich Motivation

Damit der Mensch eine Handlung überhaupt ausführt, benötigt er einen ausreichend starken Antrieb. Fehlt dieser, wird der Mensch die Handlung auch nicht ausführen. Das hat auch einen einfachen Grund: Es ist einfacher und auch effizienter, wenn diese Energie für Aufgaben mit einer höheren Priorität genutzt wird. Man unterscheidet dabei zwischen zwei Arten von Motivation:

Zum einen ist der Mensch danach bestrebt, negative Erfahrungen zu vermeiden. Zu dieser Art der Motivation zählen Ängste, welchen der Mensch nicht begegnen möchte. Aus diesem Grund geht auch jeder seiner Arbeit nach und versucht, Geld zu sparen. Denn ansonsten wäre seine Existenz bedroht. Schließlich möchte niemand das Gefühl haben, dass er kein Dach mehr über dem Kopf oder kein Essen mehr auf dem Tisch hat.

Schon der Gedanke an eine derartige Zukunft führt möglicherweise dazu, dass der Mensch diese Erfahrung vermeiden möchte. Derartige negative Erfahrungen werden jedoch im Vorfeld nicht immer rechtzeitig erkannt. Viele Menschen bemerken diese erst, wenn sie sich in einer entsprechenden Situation befinden und die negative Erfahrung wahrnehmen.

Beispielsweise, wenn Du an Übergewicht leidest und dagegen vorgehen möchtest. Zu einem Zeitpunkt, an dem Du noch schlank warst, konntest Du es Dir vielleicht nicht vorstellen, wie Dein Leben aussieht, wenn Du zu viele Pfunde auf den Rippen hast. Im Lauf der Zeit hast Du aber schleichend zugenommen und bist jetzt in der Situation, dass Du ständig nur schlechte Erfahrungen machst. Diese stellen nun für Dich den Antrieb dar, mit einer Diät zu beginnen.

Allerdings hat diese Art der Motivation einen großen Nachteil: Sie ist geprägt von negativen Gefühlen und Ängsten. Viele Menschen führen deshalb Handlungen aus, die nicht zielgerichtet sind, weil sie die negativen Emotionen und Ängste vermeiden wollen. Beim Beispiel Übergewicht können diese Ängste etwa dazu führen, dass die Betroffenen nun mit einer Extremdiät beginnen. Sie informieren sich im Vorfeld, definieren ihre Ziele und wie sie diese erreichen wollen nicht und probieren einfach herum, um möglichst schnell aus dem negativen Zustand zu kommen. Weil diese Herangehensweise nicht klappen kann, kommt es folglich zum sogenannten JoJo-Effekt, durch welchen der negative Zustand vielleicht sogar noch verstärkt wird. Die Betroffenen haben ihre Lebenslage also nicht verbessert, sondern umsonst Energie investiert.

Ein weiteres Grundproblem besteht darin, dass viele Menschen sehr viel Energie investieren, um sich mit ihren Ängsten zu beschäftigen. Sie sind deshalb nicht in der Lage dazu, ihre Konzentration auf ein positives Ziel zu lenken. Zwar ist die Motivation, negative Situationen zu vermeiden, ein starker Antrieb. Sein persönliches Glück finden lässt sich damit aber nicht. Diese Motivation sorgt vielmehr für Unzufriedenheit und verhindert, dass Du Dir eine gesunde Existenz aufbaust. Falls Du Dir bereits eine entsprechende Existenz aufgebaut hast, bist Du also besser beraten, wenn Du Dir positive Antriebe suchst.

Die zweite Art der Motivation besteht darin, dass Du einen persönlichen Wert mit Deinem Ziel verwirklichst. In diesem Fall schwingen keine Ängste mit, sondern Du arbeitest aktiv auf ein Ziel hin, von dem Du überzeugt bist, dass das Erreichen sich positiv auf Dein Leben auswirkt.

Die Voraussetzung dafür besteht darin, dass Du ausreichend Vorstellungskraft besitzt, um das Ergebnis und dessen Konsequenzen vor Deinem inneren Auge zu sehen. Diese Art der Motivation gilt außerdem als wesentlich effektiver. Denn Du versuchst nicht, einer unangenehmen Situation aus dem Weg zu gehen, sondern arbeitest auf ein klares Ziel hin. Weil Du dabei nicht von Nebensächlichem abgelenkt wirst, ist es auch wahrscheinlicher, dass Du Dein Ziel erreichst.

Jedoch ist diese Zielmotivation wiederum mit anderen Eigenschaften verbunden. Beispielsweise kannst Du Dein Ziel in diesem Fall weniger flexibel gestalten. Und Du musst Dir Dein Ziel öfter bewusst machen, damit Du die Motivation entdeckst, die hinter einer Handlung steckt. Anders ist es bei der Motivation aus der Angst heraus, wo sie dadurch entsteht, dass Du die aktuelle Situation gerade erlebst. In diesem Augenblick bist Du Dir der negativen Gefühle sehr wohl bewusst und Du arbeitest darauf hin, sie in Zukunft zu vermeiden.

Bei der positiven Motivation hingegen musst Du Emotionen erwecken, die Du erst in Zukunft erleben wirst. Das ist insofern schwierig, als Du in der Gegenwart nicht wahrnimmst, welche Folgen Deine Handlungen haben. Deshalb solltest Du die positiven Gefühle, die Du verspürst, sobald Du ein Ziel erreicht hast, visualisieren, weil diese einen positiven Antrieb darstellen.

Möglicherweise hast Du vor, für Dich und Deine Familie eines Tages ein Haus zu bauen. Dir fehlt aber eventuell der Antrieb, darauf hinzuarbeiten, weil ihr gerade in einer Wohnung lebt, die euren Bedürfnissen voll und ganz gerecht wird. Damit Du die Motivation dafür aufbringst, solltest Du Dir die positiven Auswirkungen eines Hauses vor Augen halten. Beispielsweise habt ihr mehr Platz oder das Kind wächst in einem angenehmeren Umfeld auf. Derartige Vorstellungen erzeugen mit großer Wahrscheinlichkeit positive Emotionen, die Dir auch den nötigen Motivationsschub geben.

Beide Arten von Motivation haben natürlich ihre Berechtigung, weil sie einen Antrieb darstellen. Allerdings musst Du lernen, diese zu unterscheiden und mit ihnen umzugehen. Die größte Motivation überhaupt erhältst Du übrigens, wenn beide Antriebe gleichzeitig wirken.

Negative Erfahrungen als Energiespender

Bist Du mit Deiner aktuellen Situation gerade einmal unzufrieden, kannst Du aus diesen Ängsten eine positive Motivation schaffen. Menschen, die von Ängsten geleitet werden, wissen allerdings oft nicht, in welche Richtung sie gehen sollen. Zwar versuchen sie, vor den Ängsten zu fliehen, jedoch haben sie kein klar definiertes Ziel vor Augen.

Damit Du diese Ängste als Motivation nutzen kannst, musst Du also erst einmal einsehen, dass Du mit der aktuellen Situation unzufrieden bist. Ein klassisches Beispiel dafür ist das Rauchen, das — ebenso wie das Abnehmen — vielen als Motivation dient. Als Antrieb können hier jene Risikofaktoren dienen, die mit dem Rauchen verbunden sind. Beispielsweise kostet das Rauchen viel Geld und es sind damit gesundheitliche Risiken bis hin zum Lungenkrebs verbunden. Weil Du diesen Ängsten und Risiken nicht mehr ausgesetzt sein möchtest, kannst Du Dich nun dazu entscheiden, mit dem Rauchen aufzuhören.

Das Nichtrauchen allein ist allerdings kein ausreichendes Ziel. Der Grund: Dir mangelt es an positiver Motivation. Du wirst dieses Ziel also sicher nicht erreichen können.

Nutze stattdessen die positive Zieldefinition und stell Dir vor, welche Auswirkungen es haben wird, wenn Du auf das Rauchen verzichtest. So hast Du viel Geld für andere Dinge und Deine Fitness verbessert sich. Diese positiven Veränderungen, die mit dem Rauchverzicht verbunden sind, solltest Du Dir vor Augen führen.

Dieses Beispiel zeigt, dass sowohl Angst als auch eine positive Definition des Ziels eine Motivation darstellt. Auch wenn der ursprüngliche Antrieb darin bestand, dass Du Angst vor einer Erkrankung hast, hast Du zusätzlich positive Ziele definiert, die Dir aufzeigen, wie sich Dein Leben verändern wird. Aus dem ursprünglichen Antrieb kannst Du also eine langfristige Motivation machen.

So steigerst Du Deine Motivation

Der Motivation ist es maßgeblich zu verdanken, dass Du Deine Ziele verfolgst und letztlich auch erreichst. Motivation allein reicht allerdings oft nicht aus, damit Du die notwendigen Handlungen, die für das Erreichen des Ziels notwendig sind, auch wirklich durchführst. Das gilt insbesondere, wenn es um langfristige Ziele geht, weil diese sich nicht immer im Auge behalten lassen. Denn der grundsätzliche Antrieb für jeden Menschen sind Belohnungen. Liegen diese in der Zukunft, wirst Du vielleicht von Dingen abgelenkt, die Dir eine schnellere Belohnung verschaffen.

Es gibt allerdings in der NLP einige Techniken und Übungen, durch welche Du Deine Motivation selbst steigern kannst. Dadurch erreichst Du Dein Ziel schneller und Du wirst nicht in Versuchung geführt, Deine Energie in etwas zu investieren, was nichts mit Deinem Ziel zu tun hat.

So gibt es etwa eine Technik, die den Ankern nicht unähnlich ist. Durch diese Technik kannst Du Deine gegenwärtigen Gefühle beeinflussen.

Dazu rufst Du Dir aus der Vergangenheit eine Erfahrung ins Bewusstsein, die Du mit hoher Motivation verbindest. Das kann beispielsweise eine Erfahrung aus Deiner Schüler- oder Studentenzeit sein, als Du eine bestimmte Prüfung mit einer möglichst guten Note abschließen wolltest und Du schon in der Vorbereitungszeit so motiviert warst, dass Dir das Lernen absolut leicht gefallen ist.

Grundsätzlich ist es jedoch egal, um welche Situation es sich konkret handelt, Du musst nur die jeweilige Zeit im Bewusstsein aufrufen. Dann weißt Du auch, wie sich Motivation anfühlt. Versuch anschließend, diesen Zustand voller Energie mit allen Sinnen wahrzunehmen. Stell Dir vor, Du könntest diese Situation als Film abrufen, wie würde dieser aussehen? Welche Farben dominieren, welche Geräusche hörst Du und gibt es Gerüche, die Du riechen kannst? Der Rückblick in Verbindung mit dem positiven Gefühl wird umso intensiver, je mehr Sinneseindrücke Du wahrnehmen kannst.

Anschließend kehrst Du in die Gegenwart zurück, um wieder einen neutralen Gemütszustand zu erreichen. Falls die Vorstellung, dass der der Film zu Ende ist, noch nicht ausreicht, um den neutralen Gemütszustand zu erreichen, ruf aus der Vergangenheit ein Erlebnis aus, mit dem Du keine besondere Emotionen verbindest. Beispielsweise kannst Du Dir vorstellen, wie Du Hausarbeiten verrichtest, weil Du damit keine besonderen Emotionen verbindest. Dadurch gelangst Du in einen neutralen Gefühlszustand.

Sobald diese Emotionen abgeklungen sind, versuch als nächstes, Dich wieder in den emotionsbelasteten Zustand hineinzuversetzen. Nun solltest Du den Unterschied der Gefühle bemerken, wodurch sich auch Deine Wahrnehmung verändert.

Sobald Du in die Gegenwart zurückgekehrt bist, führst Du Dir Deinen neutralen Gemütszustand vor die Augen, bevor der wichtigste Schritt kommt: Versuche möglichst genau zu analysieren, welche Wahrnehmung Du hattest, als Du die starken Emotionen verspürt hast. Beispielsweise, ob du einen besonderen Geschmack auf der Zunge hattest oder bestimmte Farben besonders intensiv wahrgenommen hast, oder wie schnell Deine Bewegungen abgelaufen sind.

Wenn es Dir möglich ist, diese Wahrnehmungen in Worte zu fassen, solltest Du sie aufschreiben. Denn hierbei handelt es sich um sehr flüchtige Augenblicke, an die Du Dich später vielleicht nicht mehr erinnern kannst. Wenn Du diese Wahrnehmungen notierst, kannst Du dagegen ganz genau sagen, was Dich motiviert und wie sich die Motivation bei Dir zeigt. Dann kannst Du Dir Dein Ziel vorstellen und merkst auch, wie dieses aussieht. Sollte Dich das allein noch nicht sonderlich motivieren, dann übertrag die Details schlicht und ergreifend auf das Zielbild. Dieses vermischt sich dadurch mit jenen Elementen, die für Dich bereits wichtig waren, als es um die Motivation ging. Du wandelst das Zielbild also entsprechend Deiner Motivation ein wenig ab. Vielleicht werden bestimmte Farben stärker hervorgehoben, oder dir fallen Gerüche auf, die Du mit Motivation verbindest.

Dadurch, dass Du weißt, was Dich motiviert und wie sich das auf der emotionalen Ebene zeigt, kannst Du Deine Ziele beeinflussen und mit Motivation versehen. Rufst Du Dein Zielbild auf, ist Deine Motivation also ganz automatisch größer und Dir fällt die dafür notwendige Tätigkeit leichter. Jetzt lässt Du Dich auch nicht mehr so leicht ablenken und konzentrierst Dich nicht mehr auf völlig unwichtige Dinge.

Wie sieht die Motivation aus?

Bist Du noch nicht vertraut mit Visualisierungen, dauert es vermutlich eine gewisse Zeit, bis Du sie so wahrnehmen kannst, dass du sie auch beschreiben kannst. In aller Regel wird Motivation von den Menschen aber heller und intensiver wahrgenommen. Das Bild ist also sehr hell und die Farben strahlen intensiver.

Das lässt sich auch damit erklären, dass dunkle Bilder die Stimmung eher drücken und als depressiv wahrgenommen werden. Denn statt positive Energie auszustrahlen, behindern sie die Motivation wohl eher. Dynamische und intensive Bewegungen hingegen beflügeln die Motivation, weil sie für eine Energie stehen, die sich auf den Betrachter überträgt. Willst Du ein bestimmtes Ziel erreichen, ist das insofern wichtig, als Energie und Motivation sehr eng miteinander verwandt sind.

Deine Ziele sowie die Motivation dafür, diese zu erreichen, kannst Du auch dadurch stärken, dass Du einzelne Details veränderst. Dafür stellst Du Dir das Ziel erst einmal bildlich vor. Dann gehst Du in Deiner Vorstellung langsam darauf zu, bis Du es erreicht hast. Unterwegs kannst Du einige Elemente dahingehend verändern, dass sie einen positiven Effekt auf Deine Motivation haben.

Während Du auf das Ziel zugehst, ist es also möglich, dass sich die Umgebung aufhellt, die Farben stärker werden und eine harmonische Musik läuft. Nun wirst Du auch entspannter und atmest gleichmäßiger.

Damit Du Deine Motivation stärkst und Dein Ziel besser wahrnimmst, solltest Du diesen inneren Film mehrmals wiederholen. Dabei kannst Du bei jeder Wiederholung andere Elemente verändern. Welche Elemente Du veränderst, um Dir das Erreichen des Ziels leichter zu machen, hängt dabei einzig und allein von Deiner Vorstellungskraft ab.

Durch Deine Vorstellungskraft und die Übungen hast Du Deine Motivation mit Deinen Zielen verankert. Denkst Du nun an das Ziel, spürst Du zugleich auch die Motivation, die Du in der Vergangenheit bereits anderweitig aufgebracht hast. Sobald Du an das Zielbild denkst, versetzt Dich das also in einen Zustand, der Dir die Energie gibt, dass Du Dein Ziel leichter erreichen kannst.

Hierbei handelt es sich um einen Anker in einer sehr mächtigen Form, weil Du die Emotionen aus einer Situation, die Du bereits erfolgreich gemeistert hast, auf ein in der Zukunft liegendes Ziel überträgst. Spürst Du beim Aufrufen des Zielbildes noch schwache Emotionen, solltest Du die Vorstellungen und Übungen so lange wiederholen, bis es Dir gelungen ist, die Motivation auf das Zielbild zu übertragen.

Stehst Du nun vor einer Situation, in der Du ein Problem damit hast, Dich für das Ziel zu motivieren und Du lieber etwas anderes machen möchtest, ruf einfach das Zielbild auf. Dadurch kannst Du einen Motivationsschub bekommen, durch welchen Du Deine Ziele leichter erreichst.

Finde Belohnungen für Dich

Beim Motivieren über das Zielbild handelt es sich um eine hervorragende Möglichkeit, zunächst einmal den Stein überhaupt ins Rollen zu bringen. Denn meist fällt der erste Schritt am Schwersten. Hast Du aber erst einmal damit begonnen, eine Aufgabe zu erfüllen, merkst Du rasch, dass das äußerst erfüllend sein kann. Trotzdem hält die Motivation meist nur für einen überschaubaren Zeitraum an, sodass Du Dich immer wieder selbst motivieren musst.

Zwar hilft Dir das Aufrufen des Zielbildes dabei, möglicherweise verliert dies aber im Lauf der Zeit die Wirkung. Der Grund: Allmählich verblassen die Gefühle, die Du zu Beginn mit dem Zielbild verbunden hast und es fällt Dir immer schwerer, daraus auch die notwendige Energie zu ziehen.

Vergleichst Du Dein Zielbild jetzt mit Dingen, die Du gerade in diesem Moment lieber machen würdest, stellst Du wahrscheinlich fest, dass vor allem Belohnungen Dich motivieren. Die Belohnung für das große Ziel liegt noch weit in der Zukunft, während du für andere Dinge sofort belohnt wirst.

Hierbei handelt es sich um eine Konkurrenz von Handlungen, die allerdings absolut normal ist. Schließlich stellen Belohnungen eine starke Motivation dar. Unter Umständen wirkt das langfristige Ziel dadurch aber frustrierend. Denn Dein Gemütszustand wird positiv beeinflusst, wenn Du eine Belohnung erhältst. Erledigst Du hingegen eine Aufgabe, ohne dafür belohnt zu werden, hat das möglicherweise negative Auswirkungen. Beispielsweise, wenn Du den ganzen Tag lang ehrgeizig daran gearbeitet hast, Dein Ziel zu erreichen, diesem auch ein wenig näher gekommen bist, aber im Endeffekt nicht dafür belohnt wurdest. Damit assoziierst Du vielleicht, dass es für Dich gar keine positiven Folgen hat, wenn Du dieser Tätigkeit nachgehst und sie deshalb besser vermeiden solltest – auch wenn Du weißt, dass Du langfristig gesehen dafür belohnt wirst. Dein Geist ist jedoch eher darauf programmiert, kurzfristige Belohnungen zu erhalten.

Wahrscheinlich weißt Du aus Deinem Bauchgefühl heraus ohnehin, wie Du mit dieser Situation umgehen musst: Du teilst das Ziel in Unterziele auf. Dadurch erlebst Du öfter das Gefühl belohnt zu werden und kannst Dir Deine Motivation erhalten.

Dies wird in der NLP als Chunking bezeichnet: Ein großes Werk wird in Abschnitte aufgeteilt. Betrachtest Du eine Aufgabe nur im Gesamten, verlierst Du schon nach relativ kurzer Zeit Deine Motivation. Denn auch wenn Du schon etwas erreicht hast, hast Du dafür noch keine Belohnung bekommen. Teilst Du die Aufgabe hingegen auf, feierst Du immer wieder kleine Erfolge.

Befindest Du Dich beispielsweise gerade im Studium, erscheint Dir das Lesen eines Fachbuches vermutlich alles andere als interessant, zumal das Buch einen Umfang von mehreren Hundert Seiten haben kann. Anfangs bist Du Dir vielleicht auch nicht sicher, ob es Dich tatsächlich voran bringt, wenn Du es liest. Du kannst Dir in diesem Fall das Chunking zu Nutze machen und kleine Ziele setzen. Etwa, dass Du jeden Tag 50 Seiten liest und Dich dann dafür damit belohnst, dass Du eine Folge Deiner Lieblingsserie schaust. Diese 50 Seiten kannst Du noch weiter unterteilen und Dir beispielsweise nach jeweils zehn Seiten ein Stück Schokolade gönnen. Durch diese kleinen Belohnungen minimierst Du die Frustration und steigerst Deine Motivation.

Die Teilziele kannst Du äußerst flexibel setzen. Stellst Du fest, dass die festgelegten Teilziele noch eine zu große Herausforderung sind, kannst Du sie also noch weiter unterteilen. Wie Du die Ziele unterteilen musst, um das Ziel zu erreichen, musst Du jedoch selbst herausfinden.

Dabei ist lediglich wichtig, dass jedes dieser Unterziele einen Zusammenhang mit dem großen Ziel hat. Vorsicht musst Du dabei vor allem bei komplexen Zielen walten lassen. Der Grund: Weil Du das Ziel vielfach unterteilt hast, gehst Du damit auch das Risiko ein, dass

Du Abzweigungen nimmst, statt auf einer klaren Linie zu bleiben und Du dem Ziel somit auch nicht näher kommst. Deine Teilziele solltest Du also stetig überprüfen, ohne das Gesamtziel aus dem Auge zu verlieren.

Lerne die Sprache des Erfolgs

Die Motivation kann sowohl von Dir selbst ausgehen als auch von außen kommen. Zu den äußeren Motivatoren gehören Belohnungen. Diese erleichtern es Dir, das Gesamtziel zu erreichen. Nicht minder wichtig für die Motivation ist aber auch Deine innere Haltung. Denn ob Du es wirklich schaffst, Dein Ziel zu erreichen, hängt in vielen Fällen von Deiner Einstellung ab. Dazu gehört etwa die Frage, ob Du eher ein Optimist oder ein Pessimist bist. Denn ein ganz entscheidender Faktor dafür, ob Du Dein Ziel erreichst oder nicht, ist die Frage, mit welcher Überzeugung Du an Deine Aufgaben herangehst.

Als wichtige Elemente Deiner inneren Einstellung gelten Deine Denkweise und Deine Sprache. Denkst Du an positive Erfahrungen wie Glück oder Liebe, entwickelst Du ganz automatisch eine bestimmte Gefühlslage. Aber auch einzelne Worte und ganze Sätze haben einen Einfluss darauf, wie es um Deine Stimmungslage bestellt ist. Indirekt haben sie damit auch einen Einfluss darauf, mit welcher Energie Du an das Erreichen Deines Ziels herangehst. Redest Du Dir beispielsweise ein, dass Du schlecht gelaunt oder traurig bist, bist Du das auch irgendwann.

Sagst Du Dir diese Sätze, wirst Du kaum in eine fröhliche Stimmung kommen. Sagst Du hingegen positive Formulierungen auf, erzeugst Du allein dadurch eine positive Stimmung. So kannst Du Dir etwa selbst sagen, dass Du glücklich bist und Dein Ziel erreichen wirst. Dadurch erzeugst Du in Dir ein Gefühl, welches Du in Motivation umwandeln kannst. Dann hast Du auch die notwendige Energie für Deine anstehenden Aufgaben.

Noch wichtiger ist der Wortschatz, welchen Du in Deinem alltäglichen Leben verwendest. Sprichst Du oft negative Formulierungen aus, haben diese möglicherweise unbewusst einen Einfluss auf Deine Motivation. Diese solltest Du also so umformulieren, dass sie positiv klingen.

Ein Beispiel: Wenn Du Dich im Moment gerade überfordert fühlst, bezeichne die Überforderung besser als hohe Beschäftigung. Dadurch zeigst Du Dir selber auf, dass zahlreiche Aufgaben vor Dir liegen, die Du abarbeiten kannst. Du kannst sogar noch ein paar Schritte weiter gehen und die positiven Wörter steigern. Wirst Du von einem Bekannten oder einem Kollegen gefragt, wie es Dir geht, kannst Du statt „ganz gut" auch „bestens" sagen. Auch wenn das Umformulieren von Wörtern banal klingt, so hat es unterbewusst doch einen sehr großen Einfluss auf Dein Verhalten und Deine Motivation. Versuch also stets, das Positive zu sehen, dann erscheint es Dir auch weitaus weniger schwierig, Dein Ziel zu erreichen.

Das wiederum bedeutet aber nicht, dass Du zwanghaft versuchen solltest, negative Emotionen oder negatives Denken komplett auszublenden. Lass diese ruhig in Zukunft auch weiter zu, aber versuche, damit besser umzugehen. Denn auch positive Worte verlieren im Lauf der Zeit ihre Wirkung.

Du solltest die richtige Balance finden und versuchen, Dir anzugewöhnen, aus jeder einzelnen Erfahrung etwas Positives für Dich zu gewinnen. Auch negative Gefühle kannst Du ruhig zulassen. Denn langfristig änderst Du durch die Erweiterung Deines Wortschatzes Deine Geisteshaltung und Du gewöhnst Dir ein optimistischeres Denken an, was Dir mehr Energie für das Erreichen Deiner Ziele verleiht.

Limiting Beliefs und Selbstvertrauen

Anhand Deines Wortschatzes lässt sich auch erkennen, ob Du ein großes Selbstvertrauen besitzt oder ob Dich Selbstzweifel zerfressen. Denn wer sehr oft negative Formulierungen verwendet, betrachtet sich selbst als schwach. Meint jemand, dass es ihm nur selten gelingt, Aufgaben erfolgreich zu meistern, hat ebenso ein geringes Selbstvertrauen.

Willst Du ein bestimmtes Ziel erreichen, hindern Dich derartige Zweifel jedoch daran. Im schlimmsten Fall musst Du sogar mehr Energie dafür investieren, Dich selbst davon zu überzeugen, dass Du diese Aufgabe schaffen kannst, als Du in das Bewältigen der Aufgabe investierst. Selbstvertrauen ist also eine enorm wichtige Ressource, wenn Du ein Ziel erfolgreich erreichen möchtest.

Keinesfalls solltest Du jedoch arrogant an Deine Aufgaben herangehen. Denn echtes Selbstvertrauen zeigt sich daran, dass Du sowohl Deine Stärken als auch Deine Schwächen kennst. Weil Du Dir dessen bewusst bist, kannst Du beide für das Erreichen Deiner Ziele nutzen. Auch beim Selbstwertgefühl handelt es sich um eine äußerst wichtige Ressource. Denn das Selbstwertgefühl sagt Dir, dass Du ein wertvoller Mensch bist und eine hohe Bedeutung hast. Du hast eine bestimmte Rolle innerhalb der Gesellschaft inne und bist anderen Menschen wichtig.

Mangelt es Dir an Vertrauen in Dich selbst, wird es Dir äußerst schwer fallen, jene Ziele zu erreichen, die Du Dir selbst gesteckt hast. Zweifel plagen Dich und du gehst Deine Ziele nur zögerlich an. Du zweifelst, dass dieses Ziel wirklich erstrebenswert ist und auch, ob Du es überhaupt erreichen kannst. Damit Du zielstrebig daran arbeiten kannst, Deine Ziele zu erreichen, brauchst Du also eine positive Selbsteinschätzung.

Sehr oft fangen die Einschränkungen schon in Gedanken an. So gibt es möglicherweise einige Gedankengänge, die Dich an Dir zweifeln lassen und die für Dich eine Belastung darstellen. Derartig negative Gedankengänge werden als „Limited Beliefs" bezeichnet. Die Gedanken setzen Dir also tatsächliche Grenzen, die Du nicht überwinden kannst.

Hältst Du Dich selbst für einen Versager oder meinst, dass andere Menschen Dich nicht mögen, sind das typische Beispiele für diese Limiting Beliefs. Vermutlich trägt jeder Mensch gelegentlich derartige Gedanken in sich, die also ganz natürlich sind. Plagen Dich derartige Zweifel aber ständig, musst Du diese bekämpfen.

Um das erfolgreich zu machen, musst Du den Limited Belief in dem Moment notieren, in dem Du ihn erlebst. Anschließend hältst Du fest, dass dies keinesfalls die objektive Wahrheit ist. Derartige Grenzen sind nicht real, sondern werden einzig und allein durch Deinen Geist festgelegt. Versuch anschließend, den entsprechenden negativen Glaubensgrundsatz positiv umzuformulieren. Hängt dieser Glaubensgrundsatz mit einer negativen Erfahrung aus der Vergangenheit zusammen, kannst Du Dich auch darauf konzentrieren, was Du seither alles gelernt hast.

Denn weil Du in der Vergangenheit einmal ein schlechtes Erlebnis hattest, muss sich das nicht zwangsläufig in der Zukunft wiederholen. Keinesfalls solltest Du Dir diese Glaubenssätze auch in Zukunft weiter einreden. Entscheidend ist dann, dass Du künftig nach Deinen positiven Glaubensgrundsätzen handelst und diese auch umsetzt. In Deinem Inneren spiegeln sich die positiven Gedanken erst dann wider, wenn Du diese Handlungen auch durchführst.

Denn die Grundlage für Deinen Erfolg ist stets Deine Geisteshaltung. Änderst Du diese zum Positiven und bist aus tiefem Inneren davon überzeugt, dass Du Deine Ziele erreichen kannst, fällt es Dir sehr viel leichter, diese auch zu erreichen.

Was treibt Dich an?

Viele Menschen halten die NLP für eine Methode, mit der sie ihre Gesprächspartner beeinflussen können. Zwar gibt es einige Techniken, die es möglich machen, in Gesprächen schneller sein eigenes Ziel zu erreichen, jedoch geht es in erster Linie darum, die Persönlichkeit wachsen zu lassen und Ziele schneller zu erreichen. Zwar sind vereinzelte Ziele eine gute Basis für ein positives Leben. Willst Du aber wirklich ein erfülltes Leben leben, solltest Du Dir Gedanken darüber machen, wie das Leitziel Deines Lebens aussieht.

Stell Dir dafür vor, dass Du in hohem Alter auf Dein Leben zurückblickst. Was möchtest Du sehen, damit Du sagen kannst, dass Du Dein Leben ausgiebig gelebt und Deine Ziele erreicht hast? Möchtest du eine

Familie gründen und Deinen Kindern ein gutes Leben bieten oder möchtest Du lieber als Künstler unsterblich werden?

Willst Du Dein Leben erfolgreich leben, solltest Du auch Dein großes Lebensleitziel definieren. Darin verwirklichst Du auch Deine definierten Werte. Der Grund: Mit diesem Ziel vor Augen gelingt es Dir, dass Du alle Herausforderungen auf Deinem Lebensweg erfolgreich meisterst. Dein Lebensleitziel wird bis zu einem gewissen Grad also auch ein Teil Deiner Persönlichkeit und Deiner Identität. Du kannst Dein Lebensleitziel aber auch zu Deinem Lebensmotto machen, durch welches Dein Handeln bestimmt wird.

Vielleicht kennst Du ja Menschen, die eine ganz besondere Kraft ausstrahlen und andere Menschen damit in ihren Bann ziehen. Die Wahrscheinlichkeit ist groß, dass diese Menschen ein besonderes Ziel oder eine Mission in ihrem Leben haben und sie dies auch verwirklichen möchten. Weil sie mit großem Eifer daran arbeiten, strahlen sie eine Entschlossenheit aus, die magisch auf andere Menschen wirkt.

Man spricht auch von einer „Mission", durch welche diese Menschen angetrieben werden. Weil sie im Leben etwas erreichen möchten, ordnen sie alle anderen Ziele diesem großen Ziel unter. Sie lassen sich also nicht einfach nur dahintreiben, sondern besitzen eine besonders große Motivation. Willst Du selbst also auch etwas verändern und in Deinem Leben etwas erreichen, solltest Du herausfinden, was im Leben Dein höchstes Ziel ist.

Dein Lebensziel finden: eine Herausforderung

Es ist alles andere als einfach für jemanden, sein Lebensziel zu finden, wenngleich sich die meisten Menschen wohl auch keine Gedanken darüber machen. Denn sie stehen in ihrem Beruf, leben in einer Partnerschaft oder haben eine Familie gegründet und weitere Ambitionen verfolgen sie nicht.

Willst Du jedoch ein höheres Ziel für Dich selbst definieren, verfolge dieses auch mit absolutem Nachdruck. Dabei kann es sich natürlich auch um etwas völlig Außergewöhnliches handeln, das enorme Herausforderungen mit sich bringt. Im ersten Schritt solltest Du dabei überlegen, was Du möglicherweise als Dein Lebensziel empfinden könntest, ohne dabei eine Wertung zu machen. Lass Dich keinesfalls davon entmutigen, wenn Du daran denkst, wie Du dieses Ziel erreichen könntest, sondern nimm dieses Ziel für Dich selbst als Mission wahr – auch wenn sie Dir mehr als schwierig erscheint.

Wirst Du von alten Gedankengängen oder Gewohnheiten abgehalten, Deine Mission zu erfüllen, solltest Du auch daran denken, dass Du diese verändern kannst. Denn hast Du erst einmal ein wirkliches Lebensziel gefunden, kannst Du Dein Lebensziel dahingehend verändern, dass Du Dich auf den Weg zu diesem Ziel machen kannst. Bei der NLP geht es schließlich um die Verwirklichung von Veränderungen und das Ausschöpfen von Potenzialen. Das schaffst Du jedoch nur, wenn Du aktiv wirst und Dein Leben neu ausrichtest. Hast Du den Sinn des Lebens für Dich gefunden und diesen auch verfolgst, ist es nicht einmal nötig, das Ziel auch zu erreichen, um die Welt zu verändern.

Wenn Du Dich etwa im Umweltschutz oder im sozialen Bereich engagieren möchtest, kannst Du nicht allen Menschen helfen oder alleine den Planeten retten. Diese Tatsache allein macht die Ziele aber noch nicht sinnlos. Denn auch wenn Du dieses Ziel niemals erreichen wirst, sorgst Du schon für eine Veränderung, wenn Du Dich nur auf den Weg machst. Denn Du erreichst dadurch Teilziele, welche einerseits die Welt zum Positiven hin verändern und andererseits Dir positive Erfahrungen bescheren.

Du musst allerdings auch nicht so hoch greifen, wenn Du Dein Lebensziel finden möchtest. Ziele, die Dich zufrieden machen und anderen vielleicht helfen, können auch lauten, dass Du eine bestimmte Fähigkeit perfektionieren oder ein Kind erziehen möchtest. Denn schon mit kleinen Handlungen kannst Du einen großen Einfluss auf die Welt nehmen.

Mit der Suche nach dem Sinn des Lebens haben sich in der Vergangenheit auch bereits zahlreiche Philosophen beschäftigt. So manche Menschen scheitern jedoch daran, sie entwickeln keine Vision für sich und ihr Leben, sondern leben einfach in den Tag hinein. Wenn Du ein Lebensziel finden möchtest, können Dir folgende Tipps dabei helfen:

Betrachte zunächst einmal die Werte, die Du bereits definiert hast. Achte dabei darauf, ob sich die Werte vielleicht größtenteils unter einer Kategorie zusammenfassen lassen. Als nächstes stellst Du Dir die Frage, mit welchem Beruf sich diese Werte wohl am besten vereinen lassen. Um Deine besondere Erfüllung zu finden, kannst Du Deinen Gedanken völlig freien Lauf lassen. Was verspürst Du, wenn Du an jene Aktivitäten denkst, die im Einklang mit Deinen Werten sind? Bedeuten diese Aufgaben eine besondere Erfüllung für Dich oder verbindest Du damit keine besonderen Gefühle? Gibt es in Deinem Leben eine Situation, in welcher Du Erfüllung verspürt hast? Hast Du irgendeine besondere Leistung erbracht? Stell Dir diese Erfahrung vor Deinem inneren Auge vor und versuch sie noch einmal zu durchleben. Das solltest Du möglichst intensiv tun und die Erfahrung auf Dich wirken lassen.

Im nächsten Schritt überlegst Du, welche Fähigkeiten Du brauchst, damit Du die Erfahrung dauerhaft verwirklichen kannst. Dazu gehört vor allem die Frage, inwiefern Du Dich weiterentwickeln musst, damit Du Dein Ziel auch erreichen kannst. Ferner solltest Du Dich fragen, ob die Arbeit an diesen Fähigkeiten für Dich eine zufriedenstellende Lebensaufgabe sein kann.

Schließlich formulierst Du Deine Lebensaufgabe im letzten Schritt. Dabei stellst Du Dir die Frage, was Dich nachhaltig zufrieden machen würde und was Dir im Leben wirklich eine Erfüllung gibt. Hast Du Deinen Lebensgrundsatz schließlich gefunden, sagst Du Dir diesen mehrfach laut auf. Achte dabei darauf, was Du dabei empfindest und ob Du eine besondere Energie in Dir verspürst, wenn Du Dir diesen Leitsatz aufsagst.

Empfindest Du fast nichts und sagst den Satz nur lustlos vor Dich hin, zeigt das an, dass er Deinen wahren Grundsätzen nicht entspricht. In diesem Fall solltest Du also darüber nachdenken, ob Du nicht vielleicht einen anderen und passenderen Grundsatz für Dein Leben finden könntest. Denn möglicherweise haben äußere Einflüsse Deinen Grundsatz bestimmt. Besser ist es, wenn Du voll und ganz auf Dich allein vertraust und darauf achtest, was Du wirklich erreichen möchtest. Das ist die einzige Möglichkeit, wie Du Deinen Lebensgrundsatz finden und als Ziel klar vor Augen behalten kannst.

Möglicherweise weißt Du aber schlicht und ergreifend auch nur noch nicht, worin Deine Bestimmung liegt. Du stehst vielleicht als junger Mensch gerade erst am Anfang Deiner beruflichen Laufbahn oder hast in Deinem Leben gerade einige Veränderungen hinter Dir, sodass Du noch gar nicht wissen kannst, wie Du Dich neu positionieren solltest. Natürlich ist es nicht einfach, das große Ziel im Leben herauszufinden, aber sobald Du das hast, kennst Du zumindest die Richtung, die Du einschlagen solltest. Allein dadurch erfährst Du einen großen Schub, der Dir dabei hilft, Deine Ziele zu erreichen.

Betrachte den Weg zum Ziel

Für ein erfülltes und glückliches Leben ist nicht allein das Ziel wichtig, sondern auch der Weg, der Dich dorthin führt. Der Weg ist insbesondere beim Lebensziel wichtig, weil sich dieses eben nicht immer erreichen lässt.

Hast Du Dein Lebensziel gefunden, wirst Du auch keinen Ausgangs- und keinen Zielpunkt finden. Denn im Normalfall gehst Du von einem Ausgangspunkt aus, den Du auf dem Weg zum Endpunkt verlässt. Dazwischen erwartet Dich eine Vielzahl an Herausforderungen, die Du überwinden musst. Das Ziel kannst Du also nur erreichen, wenn Du diese Herausforderungen erfolgreich meisterst. Allerdings ist es mit einem großen Aufwand verbunden, diese Hürden zu meistern, weshalb es Dir vielleicht auch an der notwendigen Motivation fehlt und Du keine Erfüllung empfindest, wenn Du diesen Weg gehst.

Deshalb solltest Du Dir vorstellen, dass zwischen dem Ausgangs- und dem Endpunkt nur eine kurze Distanz liegt, sodass es gar nicht wichtig ist, ob Du das Ziel erreichst, sondern dass Du Dich überhaupt auf den Weg dorthin machst. Zufriedenheit solltest Du nämlich schon verspüren, wenn Du den Weg zu Deinem Lebensleitziel nur beschreitest.

Darüber hinaus solltest Du Dir darüber im Klaren sein, dass es in diesem Fall nicht nur den Zustand „Ziel erreicht" und „Ziel nicht erreicht" gibt. Du erreichst nämlich schon einige Veränderungen, wenn Du Dich nur auf den Weg machst. Du wirst also mit dem Erreichen eines jeden Teilziels ein Stück zufriedener, was sich möglicherweise auch auf Deine Umwelt auswirkt. Bedenke also, dass es Dir allein schon Zufriedenheit gibt, wenn Du Dich nur auf den Weg zu Deinem Ziel machst.

Definiere Deine Persönlichkeit

Deine Persönlichkeit ist wichtig, wenn Du Dein Lebensleitziel oder kleinere Ziele definierst. Denn diese gibt Dir üblicherweise die Richtung vor, in welche die Reise geht. Und davon wiederum hängt ab, welche Ziele Du in Angriff nehmen möchtest und welche Dir dabei am wichtigsten sind.

Sehr oft tritt im Alltag das Problem auf, dass es Konflikte mit der inneren Person gibt. Das hast Du wahrscheinlich selbst schon bemerkt, wenn Du auf ein Ziel hinarbeiten möchtest, das Du ganz klar vor Augen hast, aber ein Teil Deiner Persönlichkeit dafür sorgt, dass Du genau das Gegenteil tust. Menschen sind also keineswegs eine Einheit, die nur aus einer Persönlichkeit bestehen. Innerhalb dieser Persönlichkeit gibt es nämlich immer wieder Konflikte, welche das Erreichen des Ziels schwieriger machen. Hinzu kommt, dass Dich diese Konflikte nur unnötig Energie kosten.

Mit Hilfe der NLP ist es dir möglich, herauszufinden, wie Deine Persönlichkeit aufgebaut ist. Hierfür gibt es das Modell der Subpersönlichkeiten. Der Grund: Jeder Mensch besteht aus zahlreichen Subpersönlichkeiten, keinesfalls aber aus einer einzigen Persönlichkeit. Jede dieser Subpersönlichkeiten hat ihre eigenen Motive, Bedürfnisse, Verhaltensmuster und Erinnerungen. Diese Subpersönlichkeiten manifestieren sich in Deinem Unterbewusstsein, wo sie manchmal nachteilig für Dich agieren.

Bildlich vorstellen kannst Du Dir das in Form einer Pyramide. Du selbst stehst an der Spitze, von wo aus Du die Richtung vorgibst. Deine Persönlichkeit denkt, dass sie die Kontrolle hat. Jedoch gibt es unter der Spitze eine weitere Ebene mit diversen zentralen Subpersönlichkeiten, darunter eine weitere Ebene, auf der sich zahlreiche Subpersönlichkeiten sammeln. Weil auch diese einen Anteil an der Gesamtpersönlichkeit haben, nehmen sie auch Einfluss darauf.

Wollen die Subpersönlichkeiten eine Aufgabe nun auf eine andere Art bearbeiten oder eine gänzlich andere Aufgabe in Angriff nehmen, kann ein Konflikt entstehen. Das ist nicht anders als bei der Teamarbeit, wenn mehrere Teammitglieder zwar das gleiche Ziel verfolgen, aber eine unterschiedliche Herangehensweise bevorzugen. Auch wenn diese möglicherweise zielführend sind, gibt es dennoch Konflikte innerhalb des Teams, das sich auf eine einheitliche Arbeitsweise festlegen sollte. Aber auch innere Konflikte führen zu Reibungsverlusten und können Probleme verursachen.

Durch die NLP ist es nun möglich, dass zwischen den Persönlichkeiten vermittelt wird und sich eine Einigung erzielen lässt. Dadurch ist es für Dich einfacher, Dich auf ein Ziel zu konzentrieren, sodass Du es auch erreichst. Du triffst dabei keine Entscheidung, sondern verhandelst förmlich, ähnlich wie bei einem Team.

Wird in der Chefetage lediglich eine Entscheidung getroffen, beeinträchtigt das unter Umständen die Motivation der Mitarbeiter, die sich nun nicht mehr als wichtigen Bestandteil des Teams sehen. Die bessere Lösung ist es, eine faire Basis zu schaffen, wobei alle Teammitglieder ihre Meinung sagen dürfen. Anschließend wird darüber diskutiert, wie eine möglichst sinnvolle Zusammenarbeit aussehen könnte und ein Weg gefunden, den alle Beteiligten gemeinsam gehen können.

Durch das Verständnis, mehrere Unterpersönlichkeiten zu haben, ist es Dir nun möglich, diese zu vereinen, sodass ihr den Weg zum Ziel gemeinsam beschreiten könnt. Du musst also anerkennen, dass es sich bei den Subpersönlichkeiten um einen Teil Deiner Persönlichkeit handelt, die Du auch brauchst, damit Du Dein volles Potenzial ausschöpfen kannst.

Stellst Du nun fest, dass ein innerer Konflikt besteht und möchtest zwar Dein Ziel erreichen, andererseits aber gerade lieber eine andere Aufgabe erledigen, solltest Du anfangen, zwischen den Unterpersönlichkeiten zu vermitteln.

Dabei kann Dir das Modell der personalen Integration helfen, durch welches die Subpersönlichkeiten detailliert beschrieben sind und Dir zeigt, wie diese Dir bei der Ausschöpfung des vollen Potenzials helfen können. Dazu musst Du lediglich akzeptieren, dass sich

Deine Persönlichkeit aus mehreren Unterpersönlichkeiten zusammensetzt. Das klingt auf den ersten Blick vielleicht ein wenig merkwürdig, jedoch sind innere Konflikte völlig normal.

Keineswegs handeln die Subpersönlichkeiten in böser Absicht. Jede verfolgt grundsätzlich eine positive Absicht, auch wenn innere Konflikte auftreten können. Vieles davon geschieht in Deinem Unterbewusstsein, weshalb es für Dich wichtig ist, die Subpersönlichkeiten anzuerkennen, damit Du besser mit Deinen inneren Konflikten umgehen kannst.

Weil sich die Subpersönlichkeiten in unterschiedliche Hierarchieebenen aufteilen, haben sie auch einen unterschiedlich großen Einfluss auf Dich. Einige Subpersönlichkeiten kannst Du wahrnehmen, weil sie Dein Bewusstsein direkt beeinflussen, andere hingegen agieren ausschließlich im Unterbewusstsein. Teilweise ist den Subpersönlichkeiten sogar die Steuerung von körperlichen Funktionen möglich. Möglicherweise kennst Du das Problem ja, dass Du bei Stress plötzlich Magenprobleme hast. Diese werden oft von inneren Konflikten verursacht, beispielsweise, weil eine Unterpersönlichkeit das Ziel mit aller Macht erreichen möchte, während sich eine andere eher nach Erholung sehnt.

Deine Handlungen kannst Du also besser nachvollziehen, wenn Du begriffen hast, dass sich Deine Gesamtpersönlichkeit aus verschiedenen Gruppen zusammensetzt. Dadurch ist es für Dich einfacher, diese Konflikte zu lösen und mit Dir im Einklang zu sein.

Grundsätzlich führt jeder Mensch Selbstgespräche, wobei Dir Deine innere Stimme dabei hilft, Dich mit Deinen unterschiedlichen Persönlichkeiten auszutauschen. Innere Konflikte kannst Du dadurch lösen, dass

Du über verschiedene Aspekte nachdenkst und dann in Ruhe entscheidest, welche Entscheidung wohl besser ist. Dabei helfen Dir innere Dialoge und das Gespräch mit Dir selbst.

Der innere Dialog stellt eine wichtige Möglichkeit dar, dass Du mit Dir selber kommunizieren und herausfinden kannst, und Dir darüber klar wirst, welches Ziel Du wie erreichen möchtest. Führst Du diesen Dialog, gelten dabei aber einige Grundregeln, die es möglich machen, einen inneren Konflikt sanft zu lösen.

Dazu gehört, dass Du das Gespräch so führst als würdest Du mit einem Freund sprechen. Die absolute Grundlage für das Gespräch stellt also ein freundlicher und respektvoller Umgangston dar. Dir selbst gegenüber solltest Du nicht zu hart sein oder gar verletzende Formulierungen verwenden. Sei dabei einfach ehrlich sowie offen und versuche das Positive zu suchen und zu finden.

Für die Positionen, welche von Deinen Subpersönlichkeiten gerade eingenommen werden, solltest Du Verständnis zeigen. Favorisieren sie unterschiedliche Handlungen, solltest Du versuchen, die dahinter stehende positive Motivation zu erkennen. Welches Ziel steckt möglicherweise dahinter und welches Bedürfnis wird damit befriedigt, sind dabei die wichtigsten Fragen.

Damit Du den inneren Dialog erfolgreich führen kannst, begegne jeder deiner Subpersönlichkeiten mit Respekt. Denn hier gibt es keine „guten" oder „schlechten" Seiten. Jede einzelne Seite möchte einfach nur das Beste für Dich.

In jedem Fall solltest Du es vermeiden, eine bestimmte Seite unterdrücken zu wollen oder diese zu be-

strafen. Logischerweise möchtest Du jene Stimme verstummen lassen, die Dir rät, den Weg zu einer kurzfris-
tigen Belohnung einzuschlagen, statt das langfristige
Ziel zu verfolgen. Missachtest Du diese Stimme oder
bestrafst sie sogar, hat das nur zur Folge, dass sich diese
Seite langfristig zurückzieht und Du die Bedürfnisse,
die ein Teil Deiner Persönlichkeit hat, völlig vernachläs-
sigst. Das verursacht über kurz oder lang nur weitere
innere Konflikte und kann Dich sogar krank machen.

Wichtig ist vor allem, dass du im inneren Dialog mit
Dir ehrlich bist. Grundsätzlich musst Du jederzeit darum bemüht sein, sämtliche Bedürfnisse zu verstehen.
Durch diese Selbstreflexion schaffst Du es, Dich selber
besser kennenzulernen und Deine Konflikte besser lösen zu können.

Diese Kommunikationsregeln gelten aber nicht nur
für Selbstgespräche, sondern auch im Gespräch mit anderen Menschen. Der große Unterschied besteht lediglich darin, dass im Gespräch mit Dir selbst kein Miss-
trauen im Raum steht, weil Du Dich selber kennst und
Dir somit auch nichts vortäuschen kannst.

Intensives nachdenken und positive Selbstgespräche
sind die besten Möglichkeiten, zu erfahren, welche Prioritäten Du in Deinem Handeln setzen solltest. Denn
daraus lernst Du, was Dir momentan gerade wichtig ist
und wie Du Deine Bedürfnisse am besten erfüllst.

Leg Deinen „inneren Schweinehund" ab

Der „innere Schweinehund" ist Dir mit Sicherheit
schon öfter begegnet. Dieser hält Dich davon ab, für
die nächste Prüfung zu lernen oder regelmäßig Sport zu
treiben. Wie ein kleiner Teufel sitzt er auf Deiner Schul-

ter und redet Dir Dinge ein, die Dir mehr schaden als nutzen. Du kannst den „inneren Schweinehund" also durchaus als Symbol für das Schlechte, das sich in Deiner Persönlichkeit befindet, betrachten. Denn einige Teile Deiner Persönlichkeit erliegen bestimmten Versuchungen oder sind selbstsüchtig. Dir erscheint es vermutlich, als würden Dir diese Teile stets nur im Weg stehen, weil sie Dich davon abhalten, dass Du Deine langfristigen Ziele erreichst. Willst Du Konflikte lösen, macht es wenig Sinn, wenn Du diese Stimmen unterdrückst. Denn sie werden auch nicht verstummen, wenn Du versuchst, sie zu ignorieren. Unterdrückst Du sie, kannst Du nicht mehr mit diesen Stimmen kommunizieren. Das wiederum bedeutet, dass auch weiterhin ein innerer Konflikt in Deiner Persönlichkeit schwelt, der Dich unzufrieden macht.

Besser ist es, wenn Du offen auf den „inneren Schweinehund" zugehst. Auch solltest Du die Teile von Dir, die gerade ein anderes Ziel verfolgen möchten, nicht mehr als negativ bezeichnen. Bei dem „inneren Schweinehund" könnte es sich nämlich ebenso gut um einen „inneren Genießer" handeln, der schlicht und ergreifend kurzfristige Belohnungen erhalten möchte, statt ein langfristiges Ziel zu verfolgen.

Du solltest also aufhören, gegen Dich selbst zu arbeiten und alle Facetten Deiner Persönlichkeit akzeptieren. Ab und an ist es nämlich nicht das Schlechteste, sich einmal eine Auszeit zu gönnen oder einer anderen Tätigkeit nachzugehen, weil Du damit ein anderes Bedürfnis von Dir erfüllst.

Besteht ein derartiger innerer Konflikt, versuch, Abstand von diesen Seiten zu gewinnen. Vergewissere Dich stattdessen, welche Seiten von Dir gerade in einem Konflikt stehen und bezeichne beide Seiten neutral. Sobald Du Dir darüber klar bist, welche von Deinen Seiten sich gerade in einem Konflikt befinden, versuche, zu ergründen, welche positiven Absichten jede dieser Seiten verfolgt. Anschließend beginnst Du den Dialog und fragst jede Seite danach, ob ihr die Gegenseite bekannt ist und deren gute Absicht erkennt.

Versuch dabei, in die Rolle des äußeren Betrachters zu schlüpfen und beobachte die Argumentation der beiden Seiten. Sobald der Dialog beendet ist, muss keine Einigkeit herrschen oder gar eine Übereinkunft getroffen sein. Hauptsache Du erkennst an, dass die zielstrebige Seite ebenso ein Teil Deiner Persönlichkeit ist wie die kritische. Beide Teile arbeiten keineswegs gegen Dich. Jede von ihnen möchte nur die Bedürfnisse aus Deinem Innersten erfüllen.

Weil es Dir vielleicht etwas seltsam erscheint, diesen Dialog laut zu führen, reicht es auch völlig aus, wenn Du nur in Gedanken mit Dir selber sprichst. Halte die Augen dabei am besten geschlossen, weil Du dadurch einen besseren Zugang zu Deinem Inneren findest. Es erfordert allerdings einiges an Übung, bis Du die verschiedenen Seiten auch wirklich deutlich spürst.

Dieser innere Dialog lässt sich sehr gut mit einem Gespräch vergleichen, das Du mit einem Freund führst. Das wichtigste Ziel lautet hierbei, dass beide Seiten ihre Perspektive offen darlegen. Allein dadurch kannst Du aus dem inneren Dialog schon ein kleines positives Fazit ziehen und weißt besser über Deine eigenen Motive Bescheid. Dadurch kannst Du derartige Konflikte künftig besser auflösen.

Der Faktor Zeit

Zwar lässt sich die Zeit objektiv messen, jedoch nimmt sie jeder Mensch subjektiv wahr. Erlebst Du gerade positive Dinge, scheint die Zeit förmlich dahinzufliegen, während sie sich wie Kaugummi zieht, wenn Dir einmal langweilig ist.

Vergangenheit und Zukunft haben einen außerordentlich großen Einfluss auf die Bildung der menschlichen Persönlichkeit. Ist Deine Zeitleiste eine gerade Linie oder wird sie von Schwüngen und Abbiegungen geprägt, bis Du in der Gegenwart angekommen bist? Dein Empfinden von Zeit wird dadurch geprägt, wie Du den Zeitstrahl wahrnimmst. So kannst Du die Zeit nämlich durchaus in einen Zusammenhang mit Deiner Persönlichkeit bringen. Die Vergangenheit kann also hinter, vor oder seitlich von Dir liegen.

Beispielsweise sehen Menschen, die traumatische Ereignisse erlebt haben, die Vergangenheit vor sich, während die Zukunft für sie kaum wahrnehmbar ist, weil sie hinter ihnen liegt. Die Vergangenheit rückt also immer wieder in ihr Bewusstsein, weil sie vor ihren Augen liegt. In diesem Fall macht es Sinn, eine andere Perspektive einzunehmen, um einen positiven Blick in die Zukunft zu bekommen und das Ereignis hinter sich zu lassen. Andererseits kann es in manchen Fällen auch Sinn machen, sich eine negative Erfahrung wieder ins Bewusstsein zu holen. Wer negative Ereignisse aus der Vergangenheit ignoriert, hat damit kaum Erfolg, weil ihn diese Ereignisse auch weiterhin verfolgen.

Die Perspektive für einen positiveren Blick in die Zukunft lässt sich durch eine Verlagerung des Zeitstrahls erreichen. Wer in der Vergangenheit gelebt hat, sodass das traumatische Ereignis immer wieder aufge-

rufen wurde, sollte sich also vorstellen, die Vergangenheit liege nun hinter ihm.

Eine derartige Visualisierung wirkt sich einerseits
positiv auf das Wohlbefinden aus, hat andererseits aber
auch einen Einfluss auf die Motivation. Äußerst moti-
vierend ist es etwa, wenn das Ziel auf dem Zeitstrahl
schon vor Dir liegt und Du es sehen kannst. Du findest
also sehr viel leichter die Energie, die notwendig ist, um
das Ziel zu erreichen.

Erschaffe Dein Selbstbild

Weil Selbstvertrauen für das Erreichen Deiner Ziele
der absolute Schlüssel zum Erfolg ist, solltest Du auf
jeden Fall lernen, ein größeres Selbstvertrauen aufzubauen. Wichtige Elemente dafür sind Deine Selbstwahrnehmung und Dein Selbstbild.

Fang damit an, Dein Selbstbild näher unter die
Lupe zu nehmen. Betrachte, wie es aussieht und was
Du dabei wahrnimmst. Denn das Selbstbild beinhaltet
eine Vielzahl von Sinneswahrnehmungen, die alle Sinne
betrifft.

Weil sich das Selbstbild schon tief in Deinem Bewusstsein verankert hat, dass Du es kaum noch ändern
kannst, denkst Du vielleicht, das Selbstbild sei unverän-
derlich und würde feststehen. Jedoch entspricht das
Selbstbild nicht der objektiven Realität. Du kannst es
also jederzeit hin zum Positiven verändern. Plagen Dich
massive Selbstzweifel, kannst Du Dein Selbstvertrauen
dadurch steigern, dass Du ein besseres Bild von Dir
selbst erschaffst.

Im ersten Schritt zeichnest Du dafür ein Bild von
Dir selbst, wichtig sind dabei vor allem Deine einzigar-

tigen und unverwechselbaren Details. Beispielsweise, welche Haltung Du annimmst oder die Wahrnehmung Deiner Stimme. Anschließend trittst Du zurück und betrachtest dein Selbstbild aus einer äußeren Perspektive. Achte vor allem auf die Unterschiede, die Du bei diesem Perspektivenwechsel wahrnimmst.

Dann betrachtest Du beide Bilder mit deinem inneren Auge. Bei einem davon änderst Du die Details, sodass es zwar immer noch Deinen Vorstellungen entspricht, aber eine positive Veränderung erzeugt. Dieses Bild sollte Dich möglichst vorteilhaft darstellen, aber so, dass Du Dich nach wie vor darin erkennst. Hierbei geht es nicht nur um die Bildinhalte, sondern um Deine generelle Wahrnehmung, also beispielsweise, welche Töne und Farben Du damit verbindest.

Sobald Du das positive Selbstbild gestaltet hast, erlebst Du vor Deinem inneren Auge zwei Bilder: Das Original und das attraktivere Bild. Obwohl beide Bilder Dich darstellen, hast Du eine gänzlich andere Wahrnehmung von jedem Bild. Dann stellst Du Dir vor, dass Du in das attraktivere Bild eintrittst und die Haltung darauf einnimmst. Dadurch legst Du das ursprüngliche Bild ab und bringst Dich nur noch mit dem positiven Bild in Verbindung. Welche Gefühle empfindest Du jetzt? Nach dieser Übung müsstest Du Dich eigentlich besser fühlen und auch mehr Selbstvertrauen besitzen. Gefällt Dir etwas am Bild nicht, gehst Du einfach einen Schritt zurück und änderst die entsprechende Eigenschaft ab.

Tritt mutiger auf

Auf Deinem Weg zum Ziel verbleiben jedoch noch einige Hürden, die Du allein mit einer starken Motivation nicht meistern kannst. Denn einige Hürden erfordern eine mutige Herangehensweise, damit Du sie meistern kannst.

In der Vergangenheit bist Du vielleicht nicht jenen Weg gegangen, der mit Deinen Werten am besten in Einklang steht. Du hast Dich dann vermutlich für den einfacheren Weg entschieden, weil Du das Risiko vermeiden wolltest. Jedoch hat Dich dieser einfachere Weg in eine Sackgasse geführt und Du bist nicht ein Stück weit zufriedener. Deshalb ist es jetzt an der Zeit, dass Du etwas Neues wagst, was aber auch ein großes Stück mehr Mut erfordert. Weil Veränderungen auch große Anstrengungen bedeuten, musst Du Dich den Herausforderungen mit vollem Selbstbewusstsein stellen.

Vielleicht machen Dir diese Veränderungen Angst und Du wolltest Dich Deinen Ängsten nicht stellen. Das Gefühl von Angst ist jedoch keinem Menschen fremd und wird Zeit seines Lebens auch immer wieder mit diesen Ängsten konfrontiert.

Angst an sich ist jedoch nichts Negatives, sondern vielmehr ein äußerst wichtiger Überlebensinstinkt. Leidest Du unter Höhenangst, ist dies nur eine wichtige Wahrnehmung für Dich, weil die Höhe eine Gefahr darstellt. Wenn Du Dein Leben verändern möchtest, geht es also auch darum, wie Du mit Deiner Angst umgehst.

Welches Gefühl empfindest Du, wenn Du im Leben mit Ängsten konfrontiert wirst? Wirst Du von den Emotionen regelrecht blockiert oder möchtest Du Dich der Angst stellen und dadurch zeigen, dass Du sie sehr wohl überwinden kannst? Denn das Gefühl von Angst kann Dich auch regelrecht lähmen. Du stellst Dich also nicht der Herausforderung, sondern kannst nichts machen und weißt nicht, wie Du mit der Situation umgehen sollst. Die Angst musst Du jedoch besiegen, damit Du Dein Leben verändern und das gesamte Potenzial nutzen kannst.

Zwar handelt es sich bei Angst um eine völlig natürliche Emotion, jedoch macht es einen Unterschied, ob diese Angst logisch begründet ist und wie Du sie wahrnimmst. Stehst Du beispielsweise auf einer hohen Brücke und blickst hinunter, ist es völlig nachvollziehbar, dass Du Höhenangst verspürst, ebenso beim Blick aus einem Heißluftballon auf den Boden. Die Angst lässt sich in beiden Fällen nachvollziehen weil beides Gefahrensituationen darstellen. Ein ernsthaftes Problem ist die Höhenangst dagegen, wenn Du sie schon auf den ersten Sprossen einer Leiter verspürst.

Auch wenn Du weißt, dass Deine Angstgefühle unlogisch sind, kommen dies Gefühle von innen heraus. Mit Argumenten allein kannst Du die Angst keinesfalls aus Deinem Leben verbannen.

Abgesehen von diesem Beispiel gibt es aber noch eine Vielzahl von kleineren Ängsten, die eine erhebliche Beeinträchtigung für Dein Leben darstellen können, weil diese sich in Deiner Persönlichkeit manifestiert haben. Beispielsweise bewerten andere es als Schüchternheit, wenn Du davor Angst hast, auf fremde Menschen zuzugehen. Das klingt zunächst einmal nicht negativ, jedoch steckt hinter Deiner Schüchternheit eine Angst, die es Dir möglicherweise schwer macht, Deine Ziele zu erreichen. Denn diese Angst musst Du überwinden, wenn du den Partner für´s Leben oder neue Freunde kennenlernen möchtest.

Auch die Angst vor Kritik kann Dein Leben stark beeinflussen. Wirst Du beispielsweise in der Arbeit von

Deinen Kollegen als Perfektionist betrachtet, stellt das augenscheinlich ein Lob dar. Bedeuten kann dieses vermeintliche Lob aber auch, dass Dich jeder noch so kleine Fehler in mentalen Stress versetzt oder dass Du nicht in der Lage dazu bist, Deine Aufgaben fristgerecht zu erledigen.

Zahlreiche dieser Ängste nimmst Du im alltäglichen Leben vielleicht nicht einmal wahr, obwohl sie Dich belasten. Du musst also nicht nur die großen Ängste bekämpfen, sondern auch kleine, negative Angewohnheiten besiegen, wenn Du wirklich eine Veränderung in Deinem Leben erreichen möchtest.

Damit Du Deine Ängste besiegen kannst, musst Du Dir zunächst einmal darüber im Klaren sein, dass hinter den Ängsten eigentlich eine positive Absicht steckt. Dahinter stehen nämlich Deine Subpersönlichkeiten, welche Dich nur davor schützen möchten, in eine Gefahrensituation zu geraten.

Du musst diese Ängste also anerkennen und Dein Unterbewusstsein davon überzeugen, dass in Wirklichkeit keine Gefahrensituation vorhanden ist. Deine Ängste kannst Du ebenfalls mit Methoden aus der NLP besiegen.

Ängste überwinden mit „Reframing"

Einige kleinere Ängste empfindest Du in Deinem Alltag vermutlich als lästig, kannst diese jedoch mit ein wenig Willenskraft überwinden. Denn nicht jede Angst ist eine Phobie, welche dein Leben einschränkt, weil Du dieses nach der Phobie ausrichtest. Mit diesen kleinen Ängsten hast Du Dich vermutlich schon abgefunden und kannst sie auch mit einer kleinen Anstrengung überwinden. Trotzdem kostet Dich das Energie, die Du eigentlich bräuchtest, um Dein Ziel zu erreichen.

Diese kleinen Ängste solltest Du also nicht als gegeben hinnehmen, sondern daran arbeiten, dass Du diese alltäglichen Ängste ablegst. Dadurch wirst Du mehr Erfolg haben, aber auch entspannter und zufriedener sein. Hierdurch wird Energie frei, die Du nutzen kannst, um Deine Ziele zu erreichen.

Die Angst kannst Du mit Hilfe der Reframing-Technik besiegen. Begibst Du Dich in eine Situation, vor welcher Du Angst hast, kannst Du diese ganz nach Deinen Vorstellungen verändern. Der Grund: die Angst kommt aus Dir heraus. Du kannst also selbst aktiv werden und Dir sagen, dass eine bestimmte Situation für Dich nicht mit Gefahren verbunden ist.

Zu den häufigsten Ängsten zählt die Angst davor, eine Rede halten zu müssen, was natürlich auch Deine Karriere negativ beeinflussen kann. Dir ist es dann unangenehm, wenn die Aufmerksamkeit vieler Menschen auf Dich gerichtet ist und Du würdest die Bühne lieber sofort verlassen. Bevor Du Deine Rede hältst, malst du Dir außerdem aus, welche peinlichen Situationen Dir passieren können. Möglicherweise befürchtest Du auch, dass Du zu oft stotterst, statt die Rede frei halten zu können. Und natürlich hast Du auch Angst davor, dass Du von anderen für Deine Rede kritisiert oder sogar ausgelacht wirst. Dabei handelt es sich um alles andere als angenehme Situationen, die jeder Redner natürlich gern vermeiden möchte.

Allerdings sind diese Szenarien nicht unbedingt realistisch. Statt nur Negatives zu sehen, versetz Dich einfach mal in die Situation der Rede und führ Dir positive Szenarien vor das Auge. Dann hast Du vor Deiner nächsten Rede keine Angst mehr, sondern freust Dich darauf. Die Situationen, die Dir Angst gemacht haben, kannst Du sehr wohl auch positiv verändern. Wirst Du bei Deiner Rede beispielsweise rot im Gesicht, ist das nichts Schlimmes – im Gegenteil: Das zeigt nur Deine Nervosität, was Dich den Zuhörern sympathisch erscheinen lässt.

Lachen Deine Zuhörer, ist Deine Rede vermutlich entsprechend humorvoll, das Lachen lockert auf und im Raum herrscht eine bessere Atmosphäre. Wirst Du kritisiert, kannst Du daraus lernen. Zudem bedeutet Kritik auch, dass Du einen gewissen Nerv bei den Zuhörern getroffen hast.

Das Reframing kannst Du auch anwenden, wenn Du eine angstauslösende Situation hinter Dir hast, indem Du Deine negativen Erfahrungen positiver darstellst. Letztlich kannst Du durch das Reframing also mit einer wesentlich positiveren Grundeinstellung an eine neue Herausforderung herangehen, sodass Du Deine Ängste auf natürliche Art überwindest.

Warum hast Du Ängste?

Bei den alltäglichen Ängsten ist das Reframing eine hervorragende Methode, um diese zu überwinden. Große Ängste werden hingegen als Phobie bezeichnet, die sich sehr vielfältig äußern können. Dabei kann es sich um Angst vor der Höhe, vor Tieren, vor dem Autofahren oder vor der Dunkelheit handeln. Dies ist eine extreme Angst, die Dein Leben auch erheblich einschränkt. Denn wenn Du beispielsweise Angst vor engen Räumen hat, wirst Du lieber die Treppe als den Fahrstuhl nehmen. Möglicherweise ist eine Phobie sogar lebensgefährlich. Beispielsweise wird es Dich in eine

absolute Panik versetzen, wenn Du während der Auto-
fahrt eine Spinne siehst und Du verursachst mit großer
Wahrscheinlichkeit einen Unfall.

Die Phobie bezeichnet man auch als Angststörung,
weil die Betroffenen eine eventuelle Bedrohung massiv
überschätzen. So lässt sich etwa eine Spinnenphobie
nicht rational begründen. Zwar sind sehr wenige Spin-
nenarten wirklich giftig, was aber nur auf wenige Arten
zutrifft, die in Mitteleuropa leben.

Auch die Reaktionen der Betroffenen stehen in keinem Verhältnis zur tatsächlichen Gefahr. Denn im
Normalfall geht von Spinnen keine Gefährdung aus,
weil diese nur angreifen, wenn sie sich selbst bedroht
fühlen. Bleibst Du entspannt und ruhig, wenn Du eine
Spinne siehst, passiert Dir also auch nichts. Gerätst Du
dagegen in Panik, fühlt sich das Tier bedroht und es
greift wahrscheinlich an. Durch eine Phobie erreichst
Du also genau den gegenteiligen Effekt und verstärkst
die Gefahr sogar noch.

Typisch bei Phobien ist außerdem, dass deren Sym-
ptome einen starken Einfluss auf Dein Leben haben.
Denn Du vermeidest bestimmte Situationen, wodurch
Du Dich nicht frei entfalten kannst. Im Hinblick auf
Deine Persönlichkeitsentwicklung bedeutet das eine
große Einschränkung.

Mit üblichen Ängsten kannst Du eine Phobie nicht
vergleichen, zumal Du zur Lösung des Problems eine
Psychotherapie benötigst, denn die genannten Techniken helfen hier in den seltensten Fällen.

Phobien sind insofern gefährlich, weil die Gefahr
besteht, dass sie sich selbst verstärken. Leidest Du etwa
unter Höhenangst, wirst Du wohl Situationen vermei-

den, in welchen Du dieser Angst ausgesetzt bist. Genau dadurch sendest Du Deinem Unterbewusstsein aber ein falsches Signal: Du verankerst, dass Höhe Angst zur Folge hat. Also wird es zu einer Gewohnheit, Höhe zu vermeiden. Möglicherweise so stark, dass Du nicht einmal mehr aus einem Fenster im ersten Stock blicken kannst, ohne diese Angst wahrzunehmen. Hast Du Angst vor offenen Plätzen oder Menschen, gehst Du eines Tages vielleicht gar nicht mehr aus dem Haus, was natürlich eine erhebliche Einschränkung Deiner Lebensqualität bedeutet.

Woher kommt die Angst?

Sehr oft wird gesagt, dass Ängste durch vergangene Ereignisse ausgelöst wurden. Hast Du vor bestimmten Tieren Angst, könne diese daher rühren, dass Du in der Kindheit ein negatives Erlebnis hattest. Derartige Ereignisse stellen jedoch keine Auslöser für Ängste und Phobien dar.

Das zeigt sich daran, dass zahlreiche Menschen unter Höhenangst leiden, wobei nicht allzu viele aus einer größeren Höhe heraus abgestürzt sein dürften. Die Angst hat also andere Hintergründe, die Du mit Hilfe eines inneren Dialogs ergründen kannst.

Sehr oft formen sich die Ängste auf emotionaler Ebene und lassen sich rational nicht begründen. Meist steckt jedoch eine positive Absicht dahinter, die durch einen inneren Dialog herausgefunden werden kann. Mit Deinen Ängsten kannst Du ähnlich umgehen wie im Gespräch mit den Subpersönlichkeiten. Dabei gehst Du selbst in eine neutrale Position und sprichst mit Deinen

Subpersönlichkeiten. Darunter befindet sich auch eine Sichtweise, welche für die Angst steht. Dieser steht eine andere Figur gegenüber, welche die Angst nicht verspürt und deshalb als Held auftreten kann.

Durch den inneren Dialog erfährst Du die positiven Absichten der beiden Seiten. In den Dialog zwischen den beiden Subpersönlichkeiten greifst Du selbst nur ein, falls eine der beiden Seiten überhand gewinnt. Dadurch entwickelst Du ein Verständnis für Deine Ängste und Phobien. Du erkennst an, dass jede der beiden Seiten positive Absichten verfolgt und lediglich ihre Bedürfnisse äußert. Dadurch lernst Du auch, besser mit Deiner Angst umzugehen.

Wie lassen sich Phobien heilen?

Deine Phobien musst Du lösen, damit Du ein wirklich selbstbestimmtes Leben führen kannst. Jedoch haben sich Deine Phobien im Unterbewusstsein gefestigt, weil sie sich über Jahre hinweg entwickelt haben. Zur Lösung der Phobien ist professionelle Hilfe notwendig, wobei es auch in der NLP einige Techniken gibt.

Die Voraussetzung dafür, dass sich eine Phobie mit Hilfe dieser Techniken ablegen lässt, besteht allerdings darin, dass Du kontinuierlich daran arbeitest und neue Glaubenssätze übernimmst. Durch folgende Übung können Phobien abgelegt werden:

Erst einmal stellst Du Dir vor, welches Ziel Du erreichen möchtest, welches Du natürlich positiv formulierst. Du möchtest künftig also positiv auf jene Situationen reagieren, welche Deine Ängste auslösen.

Sobald Du das Ziel festgelegt hast, gilt es, Anker zu setzen. Der Grund: Mit bestimmten Situationen hast

Du bisher ausschließlich negative Assoziationen. Beispielsweise stehen hohe Gebäude für Angst oder Spinnen lösen Angst aus. Um Deine Ängste zu besiegen musst Du nun positive Anker setzen. Dazu versetzt Du Dich zunächst in eine Situation, in der Du Dich absolut wohl fühlst und von der Angstsituation komplett losgelöst ist. Dadurch bist Du nicht nur entspannt, sondern nimmst auch eine starke Haltung ein. In dieser Situation führst Du eine Bewegung mit einem Finger oder einem Arm durch, wobei es völlig einerlei ist, um welche Bewegung es sich dabei handelt. Die Übung wiederholst Du mit gleichzeitiger Bewegung. Dadurch hast Du Dir selbst einen Anker gesetzt, der Dir in Angstsituationen helfen kann.

Anschließend gehst Du näher auf die Situation zu, die Dir Angst macht. Versetz Dich dafür in die jüngste Situation, in der Du Angst hattest. Mit der Angst konfrontierst Du Dich dabei nicht unmittelbar, sondern versuchst, den Augenblick zu finden, an welchem die Angst noch nicht aufgetreten ist. Hast Du beispielsweise Höhenangst, weißt Du in aller Regel ganz genau, wie groß der Abstand zur Tiefe sein muss, damit Du keine Angst verspürst. Dann denkst Du an den Moment nach der Angst.

Die eigentliche Angstsituation liegt nun genau dazwischen, Du weißt also, wann sich die Angst hoch schleicht. Betrachte Dir die Angstsituation aber aus der Perspektive eines Zuschauers, also einer neutralen Position, damit Du der Angst selbst nicht direkt ausgeliefert bist. Dieser Film zeigt die Angstsituation, allerdings ein wenig verzerrt. Sobald der Film zu Ende ist, rufst Du dann Deinen Wohlfühlanker ab. Schließlich lässt Du den Film rückwärts bis zu dem Zeitpunkt laufen, an dem Du die Angst noch nicht verspürt hast.

Kannst Du Dir den Film ansehen, ohne selbst Angst zu verspüren, nimmst Du im nächsten Schritt als Zuschauer eine aktive Rolle ein. Schaust Du Dir den Film nun mit einem positiven Gefühl an, so hast Du Deine Angst verloren.

Damit Du die Wirkung der genannten Übung testen kannst, stell Dir zunächst eine Situation in der Zukunft vor und frage Dich, wie Du in der angstauslösenden Situation reagieren würdest. Erfolgreich war die Übung, wenn Du keine Angstgefühle verspürst. Nun solltest Du auch reale Situationen meistern können. Kannst Du Dich noch nicht komplett von der Phobie lösen, so wiederholst Du diese Übung.

Welchen Einfluss hat der Körper auf die Angst?

Der Körper und der Geist eines jeden Menschen bilden eine Einheit. Und das spiegelt sich auch in den Ängsten wider. So verbindet man verschiedene Körperhaltungen mit Stärke und Selbstbewusstsein. Bist Du unsicher, nimmst Du dagegen eine defensive Haltung ein und machst Dich kleiner als Du wirklich bist. Das kannst Du nutzen, um mit Hilfe der Körperhaltung Deinen Geist zu beeinflussen und beispielsweise mehr Selbstsicherheit dadurch gewinnen.

Dabei stellt die Körperhaltung einen Anker dar, weil Du allein durch Deine Haltung sowohl positive als auch negative Gefühle erzeugen kannst. Ein positiver Anker lässt sich mit Hilfe folgender Technik setzen:

Du nimmst hierfür die sogenannte Sonnenhaltung ein. Das heißt: Du stehst aufrecht, ziehst die Schultern etwas nach hinten und hebst das Kinn leicht an. Die

Mundwinkel ziehst Du leicht nach oben, wobei der Mund ein wenig geöffnet ist. Jetzt atmest Du tief ein und aus. Anschließend klatschst Du in die Hände, um den Zustand zu verlassen. Stell Dir jetzt eine Situation vor, die in Verbindung mit großer Unsicherheit steht. Beispielsweise, dass Du gerade auf der Bühne stehst und eine Rede halten musst. Nimm dabei keinen Einfluss auf Deine Körperhaltung. Vermutlich wirst Du Dich kleiner machen, wenn Dir die Situation unangenehm ist. Diese Haltung kannst Du aber zu einer selbstbewussten Haltung umwandeln: Du stehst aufrecht, vergrößerst damit Deine Körperfläche und ziehst das Kinn ein wenig nach oben. Allein durch diesen Haltungswechsel gewinnst Du an Selbstvertrauen und Deine Emotionen verändern sich.

Damit Du diesen Effekt besser wahrnimmst, kannst Du Deine Körperhaltung auch mehrfach wechseln und beobachten, welche Auswirkungen das hat. Weil sich die Körperhaltung und die damit verbundenen Emotionen tief in das Unterbewusstsein einprägen, kannst Du durch diese Übung die tiefen Schichten Deines Bewusstseins erreichen und mehr Selbstvertrauen gewinnen.

Verändere Deine Gewohnheiten

Angstgefühle sind tief im Bewusstsein des Menschen verankert, sodass sie auch einen Einfluss auf Deine tagtäglichen Entscheidungen haben. Auch bei Gewohnheiten handelt es sich um Vorgänge, die tief in

Dir verwurzelt sind. Diese führst Du ganz automatisch durch, sobald Du eine Auslösersituation erlebst.

Als Raucher beispielsweise hast Du vermutlich bestimmte Rituale, die Du mit dem Rauchen verbindest. Tief verwurzelt ist die Gewohnheit etwa, wenn Du zum morgendlichen Kaffee auf jeden Fall eine Zigarette brauchst.

Im Alltag helfen Dir Gewohnheiten dabei, dass Du nicht allzu viel Energie aufwenden musst, weil Du nicht bei jeder Entscheidung darüber nachdenken musst, ob sie für Dich positiv oder negativ ist, weil Du bestimmte Handlungen ganz automatisch durchführst. Grundsätzlich sind Gewohnheiten positiv, jedoch gibt es auch einige negative Gewohnheiten, wie etwa das Rauchen. Diese negativen Gewohnheiten kannst Du aber auch wieder ablegen:

Zuerst einmal beschreibst Du das Problem und das Ziel, das Du erreichen möchtest. Anschließend visualisierst Du Deine Zielhandlung, die Du Dir ganz klar vorstellen musst. Wenig hilfreich ist es dabei, Dir nur vorzustellen, dass Du morgens nicht rauchst, weil Dein Unterbewusstsein dennoch nach einer Zigarette verlangen wird. Besser ist es, wenn Du Dir eine positive Ersatzhandlung vorstellst, die sich positiv auf Deinen Gemütszustand auswirkt.

Anschließend lässt Du die Zielhandlung vor Deinem inneren Auge zu einer kleinen Kugel zusammenschrumpfen, die in Deiner Hand liegt. Du setzt also einen Anker mit Deiner Hand. Für die weitere Verfestigung kannst Du diesen Vorgang mehrfach wiederholen.

Nun hast Du in Deiner Hand eine Energiekugel, die Du förmlich explodieren lassen kannst. Das heißt, die

Energiekugel vergrößert sich explosionsartig. Das kann von einem Zischen begleitet sein, sodass Du auch durch das Geräusch einen Anker setzt.

Nun rufst Du Dir Deine Problemhandlung ins Bewusstsein. Du sitzt also bei Deiner morgendlichen Zigarette. Dieses Problembild überlagerst Du mit dem Zielbild. Du schließt die Augen und aktivierst den positiven Anker, den Du zuvor gesetzt hast. Du öffnest also die Hand, während Du gleichzeitig den Zischlaut von Dir gibst. Währenddessen explodiert das positive Bild, sodass das Problembild überlagert wird.

So bekämpfst Du Gewohnheiten strategisch

Grundsätzlich gilt, dass jedes Verhalten einen bestimmten Zweck erfüllt, hinter dem eine Strategie steckt, warum Du diese Angewohnheit überhaupt erst angenommen hast. Versuch diese bewusst wahrzunehmen, wenn Du nächstes Mal zur Zigarette greifst und mach Dir bewusst, warum das für Dich jetzt wichtig ist.

Dann verfolge die Gedankengänge, die dazu führen, dass Du rauchst. Zunächst erinnerst Du Dich vermutlich an den Rauch der Zigarette, stellst Dir den Geschmack vor und denkst an die beruhigende Wirkung. Dann dürften wohl auch negative Gedanken kommen, die Du abwimmelst.

Wenn Du aufdeckst, welche Strategie hinter Deinen Gewohnheiten stecken, lässt es sich für Dich einfacher nachvollziehen, warum Du Dich so verhältst. Dadurch fällt es Dir leichter, das Laster abzustellen und Deine Gewohnheiten zu ändern. Kennst Du die Auslöser, kannst Du diese auch so verändern, dass Du sie erst gar nicht mehr mit dem Verhalten in Verbindung bringst.

Das alte Verhaltensmuster kannst Du am besten durchbrechen, indem Du eine neue Strategie entwickelst. Zuerst legst Du fest, welches Ziel diese Strategie haben soll. Damit Du die neue Strategie entwickeln kannst, muss es sich um in klares und deutliches Ziel handeln. Ferner musst Du auch feststellen können, ob die neue Strategie wirklich von Erfolg gekrönt ist. Das kannst Du anhand klarer Merkmale festlegen, welche gegeben sein müssen, damit Du Dein Ziel erreichst. Am wirkungsvollsten ist eine neue Strategie, wenn Deine Sinne dadurch umfassend angesprochen werden, weil das neue Verhalten dadurch besser verankert wird.

Deine Gewohnheiten kannst Du also sehr wohl zum Positiven hin verändern, wenn Du den Auslöser findest und die dahinter stehende Strategie veränderst. Beispielsweise kannst Du zum morgendlichen Kaffee einige Atemübungen machen, statt eine Zigarette zu rauchen. Dabei handelt es sich um ein Ersatzverhalten, durch welches Du Deine Gewohnheit loswerden kannst.

Wie kannst Du Ereignisse aus der Vergangenheit bewältigen?

Möglicherweise sind Gewohnheiten, aber auch Ängste oder Phobien aus einem Ereignis heraus entstanden, das bis heute einen prägenden Einfluss auf Dein Leben hat. Dieses Ereignis war also so einschneidend, dass es bei Dir für eine nachhaltige Veränderung gesorgt hat. Natürlich ist die Vergangenheit geschehen und Du kannst sie nicht mehr ändern, aber Du kannst dafür sorgen, dass Du sie anders wahrnimmst:

Stell dir zuerst einen Zeitstrahl vor, den Du auch nachbildest. Etwa mit einem Zollstock, oder indem Du

ein Klebeband im Raum auslegst. Das Ende des Zeitstrahls ist die Gegenwart. An diesem Punkt setzt Du
einen körperlichen Anker, etwa indem Du eine bestimmte Gestik zeigst oder eine Bewegung ausführst,
wenn Du diesen Punkt berührst.

Anschließend legst Du fest, welches vergangene
Ereignis Du verändern möchtest. Dieses Ereignis soll-
test Du so genau wie möglich wahrnehmen und be-
schreiben. Dies verbindest Du nun mit einem anderen
Anker. Dieses Ereignis fügst Du mit einem weiteren
Anker aneinander.

Dem Zeitstrahl folgst Du mit Deinen Fingern, bis
Du an dem Punkt angelangt bist, an welchem das Ereignis stattgefunden hat. Dann nimmst Du ein wenig
Abstand von Deinen Erinnerungen und rufst den Anker aus der Gegenwart ab. Dadurch holst Du das Ereignis in die Gegenwart und hast die Möglichkeit, es
erneut zu durchleben. Während Du das machst, solltest
Du es allerdings von einem äußeren Standpunkt aus
betrachten. Du schaust Dir gewissermaßen selber dabei
zu, wie Du das Ereignis durchlebst. Damals hattest Du
aber nicht die Ressourcen, die Dir heute zur Verfügung
stehen. Diese Ressourcen nutzt Du nun und veran-
schaulichst Dir, wie sich Deine Situation positiv verändert. Sobald Du Deine Ressourcen visualisiert hast,
kannst Du diese mit einem weiteren Anker festigen.

Anschließend trittst Du wieder in den Zeitstrahl ein
und assoziierst Dich mit der Situation. Wenn Du das
machst, rufst Du den Anker mit dem Problemzustand
sowie den Anker mit Deinen Ressourcen ab. Dadurch
schwächst Du den Problemzustand, weil ihn die Ressourcen überlagern. Verstärken kannst du diesen Effekt
dadurch, dass du Dich völlig vom Problem-Anker löst.

Du kehrst auf dem Zeitstrahl nun in die Gegenwart zurück. Gelangst Du dabei an weitere Punkte, die Du mit negativen Erinnerungen verbindest, rufst Du erneut Deinen Ressourcen-Anker ab.

Nachdem Du den Zeitstrahl komplett abgelaufen bist, rufst Du wieder den Anker, welchen Du für die Gegenwart gesetzt hattest, ab, um vollständig zurückzukehren. Du kannst nun einen Blick auf die Vergangenheit werfen und beobachten, wie Du die negativen Ereignisse jetzt wahrnimmst. Die Ängste, die Du damit verbindest, dürften sich zumindest abgeschwächt haben.

Stößt Du in Deinem Zeitstrahl auf zahlreiche Problemstellen, kannst Du auch mehrere Techniken verwenden, damit Du die Ereignisse besser verarbeiten kannst. Beispielsweise lässt sich mit der Reframing-Technik ein Erlebnis positiv umwandeln. Wie Du Deine Vergangenheit am besten aufarbeiten kannst, musst Du allerdings selbst herausfinden.

Deine Ängste und Phobien zu bekämpfen ist insofern wichtig, weil Dir auch ein Höchstmaß an Ehrgeiz und Motivation nicht weiterhilft, wenn Du vor einer Situation stehst, die Du schlicht und ergreifend nicht bewältigen kannst. Sobald Du Deine negativen Erlebnisse, die Ängste und Phobien verarbeitet hast, kannst Du in der Gegenwart viel selbstbewusster Leben. Die vor Dir liegenden Herausforderungen kannst Du also wesentlich einfacher angehen.

Kannst Du Dein Selbstbewusstsein trainieren – und wenn ja, wie?

Wenn Du mehr Selbstbewusstsein gewinnen möchtest, gibt es dafür zahlreiche Methoden und Techniken. Du kannst also ruhigen Gewissens jene Methoden auswählen, die Dir am angenehmsten erscheinen, um mehr Selbstbewusstsein zu gewinnen. Denn wenn Du Deine Ziele und Wünsche verwirklichen möchtest, musst Du nicht nur am Arbeitsplatz, sondern auch in der Partnerschaft und in Deinem sozialen Umfeld selbstbewusst auftreten.

Lesen zur Stärkung des Selbstvertrauens

Wenn Du Bücher liest, erlebst Du in Deinem Kopf viele Abenteuer und bildest Dich weiter. Einen Zusammenhang zwischen Lesen und dem Selbstvertrauen, beziehungsweise Selbstbewusstsein, gibt es vor allem für Menschen mit einer Leseschwäche und jene, die ein Problem damit haben, das, was sie gelesen haben, anschließend laut vorzutragen. Diese werden sich immer unwohl fühlen, wenn die Sprache auf das Thema Lesen kommt, weil sie anderen Menschen ihre Schwäche nicht so deutlich zeigen möchten. Die einzige Möglichkeit, welche die Betroffenen haben, um ihre Schwäche zu verbessern, besteht darin, dass sie regelmäßig lesen, ohne sich von dieser Tätigkeit durch irgendetwas ablenken zu lassen. Anschließend sollten sie analysieren, ob sie den Text, den sie gerade gelesen haben, auch wirklich verstanden haben. Leidest Du unter dieser Schwäche, solltest Du offen dazu stehen. Denn Du kannst die Situation komplett ändern, wenn Du regelmäßig übst.

Sprachtraining für mehr Selbstbewusstsein

Hast Du ein Problem damit, wenn Du vor anderen sprechen sollst, auch wenn es sich nur um ein kleines Publikum handelt, solltest Du das Sprechen entsprechend trainieren. Du musst dafür lediglich deinen ganzen Mut zusammennehmen, kannst Dich aber in aller Ruhe zu Hause auf das öffentliche Sprechen vorbereiten und üben.

Einen guten Anfang stellt es dar, wenn Du zunächst einmal im Freundeskreis ein wenig gesprächiger bist, indem Du Dich öfter in Gespräche einbringst oder von Dir aus eine Unterhaltung startest. Die Themen, die Du ansprechen möchtest, kannst Du Dir vorher in aller Ruhe überlegen.

Und wenn Du dann sprichst, solltest Du das mit einer kräftigen Stimme machen, weil Du damit einen selbstbewussten Auftritt unterstreichst. Sprichst Du mit jemandem im Dialog, so achte darauf, dass jederzeit ein Blickkontakt besteht. All das kannst Du zu Hause vor Deinem Spiegel üben und die Gespräche aufnehmen, um sie später anzuhören, damit Du sie später analysieren kannst. Wichtig sind dabei folgende Aspekte:

- Die Lautstärke darf nicht zu aufdringlich, aber auch nicht zu leise sein.

- Die Sprachgeschwindigkeit darf nicht zu schnell, aber auch nicht zu langsam sein.

- Fremdwörter müssen richtig ausgesprochen sein.

- Sind die Satzenden richtig betont?

- Hast Du Wörter verschluckt?

Falls Du einen Vortrag halten musst, solltest Du außerdem darauf achten, einen Spannungsbogen einzubauen, damit der Vortrag nicht monoton wirkt.

Wenn Du diese Übung regelmäßig wiederholst, wirst Du schon nach kurzer Zeit feststellen, dass sich Dein Sprachgebrauch erheblich verbessert hat. Zwar solltest Du kritisch zu Dir sein, aber andererseits auch nicht überkritisch und Dich auch über kleine Erfolge freuen.

Der eigene YouTube Chanel

Das erscheint Dir auf den ersten Blick befremdlich, allerdings stellt es eine hervorragende Übung dar, wenn du regelmäßig eigene Videos hochlädst. Zumal Du diese auch auf nichtöffentlich stellen kannst, sodass keiner außer Dir sie sehen kann.

Dafür suchst Du Dir zunächst ein interessantes Thema aus, zu dem Du ein kleines Referat verfasst. Was die Themenwahl angeht, bist Du natürlich vollkommen frei. Es bietet sich aber an, ein Thema zu wählen, in dem Du Dich ohnehin gut auskennst, etwa ein eigenes Hobby. Das Referat fertigst Du schriftlich an, liest es einige Male durch und versuchst nach einigen Übungsdurchgängen, den Text frei zu sprechen. Dafür kannst Du Dir ruhig einige Tage Zeit nehmen, bevor Du dich selbst mit der Kamera aufnimmst. Dabei musst Du darauf achten, eine korrekte Körperhaltung einzunehmen und stets Blickkontakt mit der Kamera zu halten. Anschließend kannst Du am fertigen Video noch Korrekturen vornehmen, bevor Du es hochlädst.

Und wenn Du den Mut hast, es öffentlich zu stellen, wirst Du Dich über die ersten Likes wahnsinnig freuen. Das bringt Dir Selbstbestätigung und trägt enorm zur Stärkung Deines Selbstvertrauens bei.

Die richtige Rhetorik

Bist Du in der Situation, vor fremden Menschen sprechen zu müssen, solltest Du dabei in Zukunft nicht mehr nervös sein und Herzklopfen verspüren. Das gelingt Dir, wenn Du in diesem Bereich absolut sattelfest bist, also auch mit Deiner Rhetorik glänzen kannst.

Besonders wichtig ist in allem, was Du sagst, der Spannungsbogen. Das heißt: Lass in ein Gespräch durchaus auch Emotionen einfließen und betone bestimmte Schlüsselwörter. Auch die richtige Körpersprache ist nicht unwichtig, weil Du dadurch zeigst, dass Du hinter Deinen Worten stehst.

Musst Du eine Rede halten, kannst Du die Zuhörer sogar mit Deiner Sprache faszinieren, wenn Du es richtig anstellst. Dazu gehört, dass Du die Rede gut vorbereitest und in Stichpunkten festhältst. Vom Papier solltest Du Deine Rede auf keinen Fall ablesen. Denn geschriebene Sätze sind in aller Regel neutraler als gesprochene und meist auch sehr viel länger, was es für die Zuhörer schwieriger macht, konzentriert bei der Sache zu bleiben. Achte deshalb auf kurze und prägnante Sätze, die möglichst zahlreiche gewichtige Verben enthalten sollten, um den emotionalen Gehalt des Vortrags zu verstärken. Fachbegriffe und Fremdwörter solltest Du – wenn überhaupt – nur sparsam verwenden. Dein Ziel sollte darin bestehen, durch eine bildhafte Sprache Bilder in den Köpfen der Zuhörer zu erzeugen.

Mit Selbstbewusstsein das Unterbewusstsein beeinflussen

Damit Deine Rede die gewünschte Wirkung erzielt, musst Du auf die Zuhörer selbst auch authentisch wirken. Hilfreich ist es, wenn Du Dir vorstellst, dass Du vor der Rede in ein Kostüm steigst, welches Dich schützt. Keinesfalls aber darfst Du Dich verkleiden, sondern solltest Dir selbst treu bleiben, wobei Du natürlich in gepflegter Kleidung für Deinen Vortrag erscheinen solltest. Damit erscheinst Du den Zuhörern selbstbewusst und erweckst den Eindruck, dass Du das tatsächlich auch bist. Dazu gehört auch, dass Du über Dich selbst ausschließlich positiv sprichst und Dich in Unterhaltungen nicht klein machst. Auch wenn Du Deine Erfolge durchaus in das Gespräch einfließen lassen kannst, darfst Du keinesfalls den Eindruck erwecken, Du seist ein Prahlhans.

Ein Problem: Die Nervosität

Selbstbewusste Menschen, die erfolgreich sind, erwecken oft den Eindruck, dass sie niemals nervös seien. Dieser Eindruck ist aber mehr Schein als Sein, denn sie überspielen ihre Nervosität lediglich perfekt, weil ihnen das nützt. Unter Lampenfieber leiden beispielsweise selbst Stars mit jahrzehntelanger Bühnenerfahrung und entsprechenden Erfolgen. Das Gefühl der Nervosität vor wichtigen Situationen steht Dir also auch zu, jedoch solltest Du es als Triebkraft nutzen.

Gegen jene Nervosität, welche Dir die Gliedmaßen lähmt, dich stottern lässt oder wahre Ströme schwitzen lässt, solltest Du hingegen ankämpfen. Gelingt Dir das, wächst auch Dein Selbstbewusstsein wieder ein Stück weit.

Mache Situationen, die Dir Angst machen, deshalb zu einer Routine. Hast Du beispielsweise jedes Mal, wenn Du vor Menschen sprechen musst, Angstschweiß auf der Stirn, mach genau diese Situation zu einer Gewohnheit. Denn durch die ständigen Wiederholungen wird diese Situation zu einer Gewohnheit für Dich, was die Nervosität im Nu verfliegen lässt. Jede Unterhaltung, auch kleine Möglichkeiten, bringen Dir im Lauf der Zeit wesentlich mehr Sicherheit. Beispielsweise kannst Du die nächste Familienfeier dazu nutzen, um eine kleine Geschichte vorzutragen.

Befreie Dich von allen negativen Gedanken, bevor Du sprichst. Die Angst davor, ins Stottern zu geraten oder etwas zu vergessen, solltest Du ausradieren, wodurch Du Dein Selbstvertrauen stärkst. Ruf Dir stattdessen eine positive Autosuggestion ins Gedächtnis und stell Dir vor, dass Du den Zuhörern etwas besonders Tolles erzählst, um die bisherige Negativ-Spirale zu durchbrechen.

Wichtig ist außerdem, dass Du Dein Gefühl für die Zuhörer änderst und für diese positive Gefühle empfindest. Freu Dich darauf, dass Du diesen Menschen etwas Besonderes erzählen darfst, statt den Vortrag nur als lästige Pflicht zu betrachten. Natürlich kann Dir während des Vortrags der eine oder andere Ausrutscher passieren, der Dich aber nicht weiter belasten sollte.

Auf den Wortschatz kommt es an

Im Schnitt liegt der Wortschatz eines Menschen zwischen 30.000 und 50.000 Wörtern. Dieser stellt jedoch die Basis für Deine rhetorischen Fähigkeiten dar. Du bist also gut beraten, wenn Du danach bestrebt bist, Deinen Wortschatz kontinuierlich zu erweitern. Denn kannst Du flüssig mit Worten umgehen, wirkst Du auf Deine Mitmenschen ganz automatisch selbstbewusster.

So verwirklichst Du Deine Selbstliebe

Nun solltest Du aber alle Theorie hinter Dir lassen und zur Praxis übergehen. Nimm jetzt all Deinen Mut zusammen und zeig Deinen Mitmenschen, was alles in Dir steckt. Schließlich hast Du es ganz alleine in der Hand, Dein Glück zu finden. Hier einige Tipps für die Praxis:

Zeige, welche Stärken in dir stecken

Welche Stärken eigentlich in Dir stecken, solltest Du mittlerweile wissen. Solltest Du Dir nicht ganz sicher sein, dann schnapp Dir Papier und einen Stift und schreib auf, worin Du besonders gut bist, ganz gleich, ob beruflich oder privat. Versuch auch zurückzudenken und Dich an Situationen zu erinnern, in welchen Du besonders erfolgreich warst. Natürlich kannst Du auch im persönlichen Umfeld herumfragen, worin deine Bekannten und Freunde besondere Stärken an Dir sehen. Schreib dabei auch auf, worin Du Dich von Deinen Arbeitskollegen unterscheidest. Diese Liste kann durchaus richtig lang werden.

Nun zeigst Du Dich in der Öffentlichkeit von Deiner besten Seite und freust Dich darüber, wenn auch Deine Mitmenschen sehen, welche Vorzüge und Stärken Du hast. Du kannst ruhig auch Dinge unternehmen, die Du zuvor noch nie gemacht hast, beispielsweise zusammen mit Freunden eine Karaoke-Bar besuchen und dort vor Publikum singen. Wenn Du eine künstlerische Ader hast, die Du bisher nur im Geheimen gepflegt hast, kannst Du Deine Arbeiten auch bei Wettbewerben oder entsprechenden Verlagen einreichen.

Oder aber Du meldest Dich für einen sportlichen Wettbewerb an, wozu Dir bisher der Mut gefehlt hat.

Natürlich musst Du Dich dafür erst einmal überwinden und über Deinen Schatten springen. Das lohnt sich allerdings in jedem Fall. Denn hinterher wirst Du ein noch nie gekanntes Glücksgefühl verspüren, was Deinem Selbstbewusstsein einen enormen Schub gibt.

Um Deine eigenen Stärken und Schwächen zu wissen, ist eine absolute Grundvoraussetzung dafür, dass Du Dich nur auf jene Bereiche konzentrieren kannst, in welchen Du wirklich gut bist. Liegt Dir etwas absolut nicht, dann verzichte darauf, schließlich kann nicht jeder alles können. Akzeptiere Deine Schwächen und betrachte sie nicht als Makel, nur dann kannst Du auch wirklich erfolgreich sein.

Denn Dein wichtigstes Kapital, von dem Du täglich profitierst, sind Deine Stärken. Selbstverständlich steht es Dir offen, auch an den Schwächen zu arbeiten, sodass diese zu Stärken werden. Allerdings sollte dieser Aspekt erst einmal hinten anstehen. Auch wenn Du Deine Schwächen durchaus hinterfragen und näher unter die Lupe nehmen solltest. Auch diese notierst Du Dir am besten auf einer eigenen Liste. Dabei solltest Du Dich fragen, was bisher Deine größten Misserfolge waren, und warum diese überhaupt geschehen sind. Schreib Dir auch jene Dinge auf, zu welchen Du Dich nicht überwinden kannst und warum. Bei dieser Gelegenheit solltest Du auch herauszufinden versuchen, wo Deine emotionalen Schwächen liegen. Beispielsweise, welche Dinge Dich ängstlich, traurig, ungeduldig oder wütend machen oder warum Du mit manchen Menschen so gar nicht zurechtkommen kannst. Im nächsten Schritt sollte die Frage lauten, wie groß Dein Aufwand dafür ist, das zu ändern und wie wichtig es Dir ist, stets stark zu wirken.

Wenn Du Deine Gedanken dazu aufschreibst und diese Notizen immer wieder durchliest, wirst Du irgendwann feststellen, dass Du Sie überarbeiten musst. Denn es ist völlig normal, dass sich Deine Perspektive ändert und Du neue Prioritäten setzt, schließlich bedeutet das ganze Leben eine stete Veränderung.

Dann teilst Du die Liste mit Deinen Schwächen in zwei Kategorien. In einer davon sammelst Du jene Schwächen, die Du halt einfach akzeptierst, weil sie ein Teil von Dir sind. Die zweite Kategorie hingegen enthält sämtliche Schwächen, an welchen Du in Zukunft arbeiten möchtest. Basierend auf dieser Liste kannst Du nun die notwendigen Konsequenzen ziehen und musst in Zukunft auch keine Energie mehr auf Dinge verschwenden, die Du sowieso nicht ändern möchtest.

Werde Dein eigenes Markenzeichen

Jetzt hast Du die Möglichkeit, zu einer Persönlichkeit zu werden, welche man aufgrund einer besonderen Charaktereigenschaft oder einer ebensolchen Fähigkeit kennt und schätzt. Dazu musst Du Dir nur noch überlegen, welche Deiner Stärken Du dazu machen möchtest und aus welchem Grund. Denn das kann Dein ganz persönliches Markenzeichen werden, welches die Menschen in Deinem persönlichen Umfeld, besonders schätzen. Die Voraussetzung dafür ist nur, dass Du Dich in Deinem Markenzeichen absolut wohl fühlst, weil Du das auch nach außen hin zeigst.

Selbstverständlich kannst du auch optische Statements setzen, etwa mit einem besonders stylischen

Look oder einer ungewöhnlichen Haarfarbe. Und das
können durchaus auch Kleinigkeiten wie ein bestimmter
Haarschmuck oder ein kleines Essential an Deinem
Outfit sein. Wenn du hier mit Kleinigkeiten anfängst,
bekommst Du zumindest schon einmal ein erstes Ge-
spür dafür, wie es sich anfühlt, ein wenig anders als die
anderen zu sein. Damit erschaffst Du Dir eine eigene
Identität, welche die Grundlage für Deine Persönlichkeit und somit auch für Dein Selbstbewusstsein darstellt. Dann bist Du nicht mehr weit davon entfernt, zu
der Person zu werden, die Du seit jeher sein wolltest.

So hängen Vertrauen und Selbstvertrauen zusammen

Dass Du Dir selbst voll und ganz vertraust, ist die
absolute Grundvoraussetzung dafür, dass Du anderen
Menschen vertrauen kannst. Vertraust Du umgekehrt
niemandem, hängt das umgekehrt auch mit Deinem
eigenen Selbstvertrauen zusammen. Denn der Grund
von fehlendem Vertrauen ist in den meisten Fällen
Angst. Entweder die Angst, dass Du etwas nicht
schaffst, oder die Angst, dass Du von anderen Menschen enttäuscht oder verletzt wirst.

Grundsätzlich besitzt jeder Mensch schon bei seiner
Geburt ein sogenanntes Urvertrauen. Wird dieses in
früher Kindheit missbraucht, entwickelt sich das Kind
zu einem unsicheren Menschen – die Unsicherheit wird
umso größer, je stärker das Urvertrauen missbraucht
wurde. Nicht selten entwickeln sich aus diesem miss-
brauchten Vertrauen im späteren Leben psychische
Probleme wie Phobien, Burnout oder Depressionen.
Dieses Problem aufzuarbeiten, reicht alleine aber bei
weitem nicht aus. Dieses Übel muss schon an der Wur-
zel gepackt werden. Das heißt: Jeder einzelne Mensch

sollte darum bemüht sein, sich selbst oder andere erst gar nicht zu verletzen.

Ein Mangel an Selbstvertrauen zeigt sich in vielen Fällen auch an einer übermäßigen Eifersucht bemerkbar. Denn Eifersucht zeigt im Grunde nichts anderes, als dass die Person von einer so großen Unsicherheit geplagt ist, dass sie unfähig ist, anderen zu vertrauen. Die typischen Begleiterscheinungen von Eifersucht sind die Unfähigkeit zum Loslassen sowie Kontrollzwang. Diese Kombination belastet nicht nur Partnerschaften, sondern kann schon im Lauf der Kindheit zu erheblichen Problemen führen: Die betroffenen Kinder wollen ihre Mutter nicht teilen, fügen während der Pubertät anderen böse Streiche zu und werden keine glückliche Partnerschaft führen können, weil jeglicher Versuch von Vornherein zum Scheitern verurteilt ist.

Wurdest Du durch die Erziehung in Deiner Kindheit zu einem eifersüchtigen Menschen gemacht, kannst Du aber daran arbeiten, das zu ändern. In diesem Fall ist es wichtig, dass Du das Problem erkennst, die Schuld nicht abwälzt und Deine Eifersucht bekämpfst. Gelingt Dir das, bekommst Du dadurch auch Dein Selbstvertrauen und die Fähigkeit zu vertrauen wieder langsam, aber sicher zurück.

Dazu musst Du aber ehrlich zu Dir selbst sein und Dich fragen, in welchen Situationen Du eifersüchtig reagierst. Eifersucht kann sich nämlich in vielen Facetten zeigen: Sei es, dass Du neidisch auf Kollegen wegen irgendetwas bist, das sie haben und Du auch haben möchtest oder sei es, dass Du sogar soweit gehst, Deinen Partner voll und ganz zu kontrollieren. Du musst in jedem Fall dagegen angehen, ganz gleich, wie stark die Eifersucht bei Dir ausgeprägt ist. Erst dann kommst

Du zur Ruhe und kannst Dich wieder glücklich fühlen. Denn die Vertrauensbasis zu Dir und Deinen Mitmenschen kannst Du nur dann wieder aufbauen, wenn Du bei Dir selbst anfängst.

Das heißt: Du solltest ein Mensch werden, dem andere 100-prozentig vertrauen können. Du musst Deiner Umwelt also nicht ständig Deine besonderen Vorzüge vor Augen führen oder Dich bei Vorgesetzten einschleimen, wobei Du zugleich andere schlecht machst. Tunlichst vermeiden solltest Du außerdem Geheimnisse vor Deinem Partner. Denn nur wer selbst etwas zu verbergen hat, vermutet das auch bei all seinen Mitmenschen.

Hast Du es schließlich geschafft, an Dir selbst zu arbeiten, stehen die nächsten Schritte an. Du musst also loslassen und Dich von dem Gedanken verabschieden, dass andere Menschen so zu sein haben, wie es Deiner Vorstellung entspricht. Denn so mancher Mensch fühlt sich grundsätzlich schlecht, wenn andere nicht das Verhalten an den Tag legen, das sie gerne hätten. Beispielsweise kommen Verlustängste hoch, wenn ihnen nur wenig Aufmerksamkeit zuteilwird. Keimen jedoch Verlustängste sowie Eifersucht auf, zeigt das an, dass Du Dich minderwertig fühlst. Wenn Du los lässt, befreist Du Dich von der Angst, dass Du unterlegen sein könntest und zugleich von unnötigem Konkurrenzdenken.

Deine Eifersucht kannst Du nur dann ablegen, wenn Du dieses Gefühl auch erkennst. Eifersucht dürfte wohl eines der schlimmsten Gefühle überhaupt sein, wird aber ausschließlich im Kopf ausgelöst. Im Umkehrschluss bedeutet das aber auch, dass Du dieses Gefühl ziemlich einfach bekämpfen kannst.

Loslassen musst Du auch von Besitzdenken jeglicher Art. Denn weder Dein Partner noch das Ansehen am Arbeitsplatz oder im sozialen Umfeld gehören Dir. Betrachte dies besser als Geschenk, das Du aber mit ziemlicher Sicherheit verlieren wirst, wenn Du es krampfhaft halten möchtest. Du schadest Dir durch Eifersucht nämlich nicht nur selbst, sondern verletzt auch die Menschen in Deinem Umfeld massiv, wodurch Du bereits in einer Abwärtsspirale gefangen bist. Hinter Eifersucht stecken nämlich lediglich Gefühle wie Hilflosigkeit und Angst und letztlich auch ein geringes Selbstwertgefühl.

Sobald Du loslassen kannst, machst du den nächsten Schritt. Keinesfalls solltest Du einen anderen Menschen zum Mittelpunkt Deines Lebens machen, schließlich hängt Dein Glück nicht vom Ansehen durch andere oder von einem Partner ab. Machst Du andere für Dein Glück verantwortlich, klammerst Du Dich fast schon gezwungenermaßen daran fest. Verlierst Du das, bricht deine Welt komplett zusammen. Ganz allein Du bist jedoch für Dich und Dein Glück verantwortlich. Diese Tatsache musst Du Dir verinnerlichen, wenn Du Dein Leben wirklich bereichern möchtest. Dann kannst Du Dich auch von Verlustängsten befreien.

Übermannt Dich das Gefühl von Eifersucht, schließe die Augen und denk an einen Menschen, der Dich genauso liebt, wie Du bist. Sobald Du dessen bedingungslose Liebe spürst, versuchst Du, Dich selbst aus seiner Perspektive zu sehen. Sag Dir all die positiven Dinge ein, die Dir nun über Dich einfallen und sobald Du die Augen wieder geöffnet hast, gibt es keinen Grund mehr für Eifersucht, weil Du Dich geliebt fühlst.

Warum sind Liebe und Selbstliebe für das Selbstbewusstsein wichtig?

Mit der Liebe verhält es sich ebenso wie mit dem Vertrauen: Wer nicht in der Lage dazu ist, sich selbst zu lieben, kann auch keine anderen Menschen lieben. Deshalb ist die Selbstliebe auch ein wichtiger Meilenstein auf dem Weg zu einem stärkeren Selbstbewusstsein. Liebst Du Dich selbst nämlich nicht tief und aufrichtig, bist Du stets auf der verzweifelten Suche nach Anerkennung und Liebe durch andere Menschen. Der Grund: Du versuchst, dieses Gefühl von anderen zu bekommen, weil Du Dich eben selbst nicht liebst. Die Selbstliebe kannst Du jedoch mit einfachen Mitteln relativ rasch umsetzen. Unter anderem solltest Du aufhören, stets Kritik an Dir und anderen zu üben und stattdessen Deine Freunde unterstützen, wenn diese eine Idee umsetzen wollen. Natürlich solltest Du auch Deine eigenen Pläne mit dem selben Eifer verfolgen. Behandle Dich einfach selbst nur so, wie Du auch von anderen behandelt werden möchtest. Vergiss auch nie, dass Du bereits Dinge erreicht hast, auf die Du mit Fug und Recht stolz sein kannst.

Damit Du wirklich zur Selbstliebe finden kannst, musst Du Dir natürlich auch ein wenig Zeit nehmen, jeden Tag zehn Minuten reichen dafür schon völlig aus. Diese Zeitspanne nutzt Du, um darüber nachzudenken, was dich besonders liebenswert macht und mach Deinem Spiegelbild eine Liebeserklärung, die von Herzen kommt.

Ändere Deine Glaubenssätze

Wenn Du Deine eingefahrenen Glaubenssätze änderst, nutzt Dir das sogar in mehrerlei Hinsicht: Du bewegst Dich aus der Komfortzone und versuchst eine neue Sicht auf die Dinge zu gewinnen. Darüber hinaus bleibst Du in Aktion, übernimmst die Macht über Deine Gedanken und brichst aus Deinen vorgefahrenen gesellschaftlichen Schienen aus. Weil Du also ausbrichst und über den Tellerrand schaust, stärkst Du Dein Selbstbewusstsein. Du erkennst damit auch die Glaubenssätze, die dazu geführt haben, dass Du Dich hässlich, schwach und klein gefühlt hast. Diese Glaubenssätze hast Du so fest verinnerlicht, dass Du sie für Fakten gehalten hast. In Wahrheit sind das aber nicht mehr als Lügen der Gesellschaft.

Viele Menschen lassen sich beispielsweise einreden, dass sie nur dann glücklich werden, wenn Sie einen Partner an ihrer Seite haben. Das ist jedoch eine Lüge, weil jeder auch perfekt ist, wenn er nicht dem klassischen Rollenbild entspricht und alleine lebt.

Viele Eltern ermahnen ihre Kinder schon in frühem Alter, dass sie einmal etwas „Ordentliches Lernen sollen. Sie unterbinden den Wunsch nach selbstständiger Arbeit und Kreativität, weil sie eine derartige berufliche Zukunft für zu unsicher halten. Auch von dieser Lüge solltest Du Dich verabschieden und stattdessen an Deine Träume glauben und Deine Pläne konsequent verfolgen.

Auch Klischees, Stereotypen oder Vorurteile haben im Grunde nichts in Deinem Denken verloren. Statt alles als gegeben hinzunehmen, ist es besser, Dir stets eine eigene Meinung zu bilden, womit Du auch Dein Selbstbewusstsein stärkst. Dazu ist es natürlich genauso wichtig, dass Du zu Deiner Meinung stehst und diese auch begründen kannst.

Damit Du dies trainieren kannst, solltest Du Dir sämtliche eingefahrenen Muster und Vorurteile notieren. Nimm dazu kleine Zettel und beschrifte jeden davon mit einem Begriff. Sobald Du das erledigt hast, verbrennst Du die Zettel. Dadurch siehst Du deutlich, dass diese Klischees und Vorurteile für Dich keine Gültigkeit mehr haben. Sobald Du Dich davon befreit und Deine Ketten gesprengt hast, kannst Du selbstbewusst, stark und mit einer eigenen Meinung auftreten. Lass Deine Träume und Gedanken frei, statt Dich von der Gesellschaft in einem engen Gefängnis gefangen zu halten und lebe stattdessen ein selbstbewusstes Leben, das Deinen Vorstellungen entspricht.

Sobald Du Dich von diesen Glaubenssätzen befreit hast, wirst Du nicht nur selbstbewusster, sondern auch erfolgreicher und glücklicher. Der Grund dafür liegt darin, dass Du alles, woran Du glaubst, mit brennender Überzeugung machst. Und dabei kann nur etwas Gutes herauskommen. Deine ganz eigenen Glaubenssätze werden dann auch zu Deiner Realität, beflügeln Dich und lassen Dich neue Chancen erkennen, sodass Du auch gute Ergebnisse erzielst. Positive Glaubenssätze sind also äußerst wichtig, während Dich negative nur unnötig ausbremsen.

Beispielsweise macht es einen gewaltigen Unterschied, ob Du davon überzeugt bist, dass Du intelligent oder dumm bist. Hast Du Dir diese Gedanken erst einmal verinnerlicht, haben sie einen Einfluss darauf, wie Dein weiterer Weg aussehen wird. Stell Dir Deine Glaubenssätze einfach bildhaft vor: Ein positiver Glaubenssatz ist wie ein starker Pfeiler für Dich, von dem eine Brücke ausgeht, die in die Zukunft führt. Und diese kann Dich überall dorthin bringen, wohin Du nur möchtest.

Selbstverständlich lassen sich Deine neuen Glaubenssätze aber auch verändern und Du kannst sie zu jedem beliebigen Zeitpunkt optimieren. Denn Du allein hast es in der Hand und Du bist ganz gewiss nicht dazu verpflichtet, dass Du morgen noch der selbe Mensch bist wie heute. Lass Dich also von einer Veränderung keinesfalls einschüchtern – und erst recht nicht von Menschen, die Deine Veränderung skeptisch betrachten. Denn wenn Du Deine Glaubenssätze veränderst, entkommst Du damit auch der ständigen Opferrolle. Stattdessen entwickelst Du ein Selbstvertrauen, das Dich zu einem starken Menschen macht.

So beseitigst Du die Gründe für Selbstzweifel

Quälen Dich Selbstzweifel, so können Dich diese sehr schnell aus Deiner Bahn schmeißen. Machst Du Dir ständig Sorgen, machen sich irgendwann negative Emotionen breit, die eine zerstörerische Wirkung haben und welche die Macht haben, Dich tatsächlich aufzufressen und zu zerstören. Du fühlst Dich schwach und unsicher und baust Dir selbst Barrieren und Grenzen auf. Es gibt aber sehr wohl einige Tipps, wie Du Deine Selbstzweifel eliminieren kannst.

Situationen, in welchen Du an einer einmal getroffenen Entscheidung zweifelst oder massiv darüber nachdenkst, ob Du wirklich den wichtigen Weg eingeschlagen hast, wird es selbstverständlich immer wieder geben. Grundsätzlich ist das aber nicht negativ. Denn diese Gefühle helfen Dir dabei, Dich zu fokussieren.

Du solltest diese Gedanken verfolgen, sie analysieren und dann entsprechend handeln. Zweifelst Du, fokussiere Dich neu und schlage den neuen Weg ein, wobei Du die Zweifel hinter Dir lässt. Zauderst Du ständig und spielst in Gedanken stets das „Was wäre wenn"-Spiel, wirst Du davon auf lange Sicht gesehen krank. Konzentriere Dich ausschließlich auf das Jetzt und Hier, die Vergangenheit kannst Du nicht mehr ändern und was die Zukunft bringt, ist ungewiss. Wichtig ist nur das Heute.

Folgende Übung, die Du völlig ungestört durchführen solltest, dauert in etwa 30 Minuten: Gehe in eine bequeme Position, etwa auf der Couch, im Bett oder auf dem Boden und denk daran, dass Du Dich genauso akzeptierst, wie Du bist. Dabei kannst Du Dir auch einen Satz wie „Ich liebe und akzeptiere mich" mehrmals vorsagen. Zwischen den Wiederholungen atmest Du schnell und tief ein und lässt den Atem dann langsam aus Deinem Körper weichen. Du kannst natürlich auch einen anderen Satz wählen oder verschiedene Sätze mehrmals wiederholen. Du musst dabei nur darauf achten, dass die Sätze positiv formuliert sind.

Eine weitere Möglichkeit stellen Selbstmassage oder das Abklopfen von speziellen Akupunktur-Punkten dar. Wichtig sind dabei der Rand des Brustkorbs, jene Mulde die sich am Hinterkopf befindet, die äußere Seite der Schienbeine (der Punkt befindet sich etwa vier Finger breit unter der Kniescheibe) sowie das Zentrum des Brustbeins.

Eine weitere Übung: Geh in eine bequeme Position, in der Du Dich entspannst. Du schließt die Augen und massierst die genannten Stellen an Deinem Körper. Entweder Du klopfst sie sanft ab oder Du führst kreisende Bewegungen an den Punkten aus. Schalte dabei die Gedanken komplett aus oder konzentriere Dich stattdessen auf positive Formulierungen. Anschließend stehst Du auf, atmest tief durch und sagst laut folgenden Satz: „Es ist mir egal, was andere Menschen denken, ich bin perfekt so wie ich bin."

Verspürst Du tagsüber nagende Zweifel, halte für einen kurzen Augenblick inne. Versuche, herauszufinden, woher Deine Ängste und Zweifel rühren und versuche bewusst diese zu schlucken. Diese Gedanken sind eine dunkle Wolke, die Du vertreibst.

Hör vor allem auf Dein Bauchgefühl und auf das, was Deine innere Stimme Dir sagt. Und das nicht nur in diesem Moment, sondern auch wenn Du spazieren gehst oder eine Yoga-Übung absolvierst. Hör gut und intensiv in Dich hinein und frag Dich dabei, was Dich rundum glücklich macht. Das Ergebnis solltest Du notieren und Dir Gedanken darüber machen, was Dich davon abhält.

Sprich anschließend mit einem guten Freund, mit dem Du gemeinsam am Problem arbeiten kannst. Gegenseitig könnt ihr jene Dinge aufschreiben, die den anderen aus Deiner und seiner Sicht zu einem einzigartigen Menschen machen.

Auf einem anderen Zettel schreibst Du die ganzen Fehler auf, die Du in der Vergangenheit gemacht hast, die jedoch auch heute noch eine Belastung für Dich darstellen. Diesen Zettel spülst Du anschließend die Toilette hinunter oder verbrennst ihn. Dann bleiben ausschließlich positive Gedanken zurück.

Die Selbstzweifel kannst Du aber auch ausnutzen und den Kritiker in Dir umpolen. Gelingt Dir das, kann dieser in Zukunft eine wichtige Hilfe für Dich sein. Achte insbesondere auf jene Augenblicke, in welchen sich Dein innerer Kritiker zu Wort meldet. Gib diesem Kritiker einen Namen. Denn kannst Du etwas bei seinem Namen nennen, verlierst Du automatisch die Angst und den Schrecken davor. Jetzt hast Du die Möglichkeit, den inneren Kritiker in seine Schranken zu weisen und damit die Oberhand.

Halte ein Zwiegespräch mit Deinem inneren Kritiker, bei dem Du ihn um seine Meinung bittest und fragst, warum er eine so negative Sicht auf diese Situation hat. Diese Unterhaltung sollte konstruktiv aufgebaut sein, sodass Du und Dein innerer Kritiker die Situation ausdiskutieren könnt. Denn meist ist der innere Kritiker selbst nicht kritikfähig, sodass Du ihn relativ einfach überzeugen kannst. Nach diesem Gespräch kannst Du nun eine Liste mit dem Für und Wider machen, in aller Ruhe darüber nachdenken und erst dann handeln.

Ein Tagebuch anlegen

Für Dein persönliches Selbstvertrauen-Tagebuch, besorgst Du Dir am besten ein edles Notizbuch, welches Du auch gerne zur Hand nimmst. Oder Du nimmst ein ganz beliebiges Heft, dessen Umschlag Du selbst gestaltest. Das Wichtigste ist, dass Du Dich mit diesem Tagebuch identifizierst und dieses immer wieder gerne in die Hand nimmst, weil es in Dir positive Gefühle auslöst.

Notiere Dir im Tagebuch Übungen in unterschiedlichen Rubriken. Lies Dir die einzelnen Kapitel immer wieder durch und überarbeite sie dabei. Dann siehst Du bildlich vor Dir, welche Fortschritte Du bisher schon erreicht hast. Zugleich schulst und schärfst Du damit Deine Wahrnehmung, wodurch Du vieles klarer sehen kannst.

Die Perspektive ändern

Geh an einen ruhigen Ort, an dem Du darüber nachdenkst, wie Du Dein Leben jetzt gerade siehst, um die Perspektive zu finden. Stell Dir im nächsten Schritt vor, dass Du das Fenster, durch welches Du Dein Leben bisher betrachtet hast, einfach auswechselst. Dann überlegst Du Dir, wie das Leben – aus den unterschiedlichen Perspektiven betrachtet – verläuft. Dazu machst Du Dir ebenso Notizen. Dabei solltest Du versuchen, jede einzelne Situation aus zumindest vier verschiedenen Perspektiven zu sehen.

Nun beurteilst Du jede Perspektive einzeln. Dabei solltest Du vor allem auf negative Schwingung und Realisierung achten und eine ehrliche Bewertung machen. Sobald das geschehen ist, denkst Du darüber nach, wie Dich jede einzelne Perspektive selbst beeinflusst hat. Dadurch kannst Du in kurzer Zeit herausfinden, welche Lebensart für Dich geeigneter ist. Beispielsweise, ob Du eher der geruhsame und auf Sicherheit bedachte Typ bist oder ob Du gern Risiken eingehst.

Wichtig sind in diesem Zusammenhang auch Vorurteile und negative Perspektiven, die von Vorurteilen beeinflusst werden. Denn diese Vorurteile gilt es für Dich zu hinterfragen und aufzuarbeiten. Dazu stellst Du Dir einfach die bekannten W-Fragen. Also: „Was?", „Wer", „Warum?" sowie „Wie lange?" Beispielsweise, warum Du es für so riskant hältst, die Arbeitsstelle zu wechseln, was sich dadurch für dich ändern würde, wer von diesem Schritt betroffen ist und wie lange Du am neuen Arbeitsplatz wohl glücklich wärst.

Jetzt musst Du herausfinden, woher dieser Blickwinkel stammt. Denn jeder Mensch hat sich seine Perspektiven über einen langen Zeitraum hinweg antrainiert. Der persönliche Blickwinkel eines Menschen wird durch verschiedene Faktoren beeinflusst, etwa sein Umfeld. Aber auch Erziehung, Medien, Religion, Lebenserfahrung, Politik und Reisen haben einen Einfluss auf die persönliche Sichtweise eines jeden Menschen.

Wenn Du nun feststellst, dass Du in vielen Punkten festgefahren bist, musst Du daran arbeiten und Deinen persönlichen Horizont erweitern. Das kannst Du beispielsweise machen, indem Du Reisen unternimmst, Festivals besuchst oder Dich aus Büchern über fremde Kulturen informierst. Auch Dokumentationen, die Du Dir zu verschiedensten Themen im Fernseher anschaust, tragen dazu bei, Deinen Horizont zu erweitern.

Weil eben auch die Familie, Bekannte und Freunde Deinen Blickwinkel prägen, solltest Du ergründen, welche Person Einfluss auf welchen Blickwinkel hat und Dich gegebenenfalls mit anderen Menschen umgeben, die eine etwas andere Sicht auf die Welt haben. Neue Perspektiven zu finden gelingt dir auch mit Hobbies oder Fortbildungen.

Nun musst Du kreativ sein und Dir überlegen, wie das Leben aussehen würde, wenn Du es aus einem anderen Blickwinkel heraus betrachtest. Dafür brauchst Du Dir nur eine bestimmte Situation vorstellen und diese durchspielen. Wenn Du damit Schwierigkeiten hast, kann Dir eine einfache Übung dabei: Stell Dich einfach mit gespreizten Beinen hin und blicke zwischen Deinen Beinen hindurch. So siehst Du, wie einfach es ist, das Leben aus einer neuen Perspektive zu betrachten.

Des Weiteren solltest Du versuchen, Interesse für andere aufzubringen. Beispielsweise kannst Du während einer Unterhaltung die eine oder andere Frage stellen und damit auch von den verschiedenen Meinungen anderer zu lernen. Frag Dich auch, ob es Menschen in Deinem Umfeld gibt, die oft ihre Perspektiven und Meinungen wechseln. Wenn ja, kannst Du daraus Deine Lehren für Dich ziehen. Behandle die anderen aber stets mit Respekt und akzeptiere, dass jeder Mensch das Recht auf seine eigene Meinung hat. Fremde Überzeugungen und Meinungen kannst Du durchaus auch in Deine Überlegungen einfließen lassen, wobei Du Dich davon aber nicht beeinflussen lassen solltest.

Dadurch erweiterst Du Deinen Horizont, lernst etwas Neues und Dein Selbstvertrauen wächst. Diese Übung kannst Du Dein Leben lang machen und dabei jeden Tag neue Perspektiven kennenlernen. Dadurch hast Du die Möglichkeit, auch Deinen eigenen Blickwinkel immer wieder neu anzupassen.

Wie gewinnst Du verlorenes Vertrauen und Selbstvertrauen zurück?

Es gibt wohl keinen Menschen, der noch nicht das Vertrauen eines geliebten Menschen verloren hätte, was oft durch kleine Lügen geschieht, die aufrecht erhalten werden, weil der Lügner den Freund oder Partner nicht verletzen oder gar verlieren wollte. Diese Lügen töten jedoch das Vertrauen und wirken sich auch auf das Selbstvertrauen negativ aus. Der Lügner wird dadurch noch unsicherer und gerät in eine absolute Abwärtsspirale hinein. Stehst Du vor diesem Problem, musst Du dieses schnellstmöglich angehen. Dazu brauchst Du zwar jede Menge Mut, aber dieser Kampf lohnt sich.

Der erste Schritt besteht darin, dass Du in Dich gehst und erst einmal das Vertrauen zu Dir selbst wieder aufbaust, was auch als Selbstheilung bezeichnet wird. Dieser Schritt ist ungemein wichtig und die Grundvoraussetzung für alle weiteren. Diese helfen Dir auch weiter, wenn Du selbst enttäuscht wurdest und Dein Vertrauen missbraucht wurde.

In einem ruhigen Moment denkst Du darüber nach, wie diese Situation überhaupt entstehen konnte. Notiere Dir alle wichtigen Aspekte dazu und füge sie in einer Timeline zusammen. Also wann und warum hat es begonnen, dass das Vertrauen missbraucht wurde. Gönn Dir etwas Ruhe und versuche abzuschalten, sobald Du das herausgefunden hast. Lenk Dich ab und denk nicht ständig daran. Das gelingt Dir am besten bei einem Ausflug oder einem kurzen Urlaub, auf keinen Fall solltest Du grübelnd zu Hause sitzen.

Anschließend analysierst Du die Timeline, die Du erstellt hast. Keinesfalls darfst Du dabei Schuldzuweisungen in die eine oder andere Richtung machen, sodass keine Täter- und Opferrolle entstehen können. Auch solltest Du klar definieren, in welcher Situation der Missbrauch entstanden ist. Denn nur weil Du von Deinem Partner oder umgekehrt enttäuscht wurdest, heißt das noch lange nicht, dass die ganze Beziehung in Frage gestellt werden muss. Denn in den meisten Fällen geht es um eine Unehrlichkeit im Hinblick auf die Kinder oder um Geld. Schwieriger ist die Situation natürlich, wenn ein Seitensprung der Grund für den Vertrauensmissbrauch war. Doch auch in diesem Fall lassen sich die Scherben noch kitten. Zuerst sollte aber geklärt werden, ob der Betroffene mit diesem Vertrauensbruch leben kann oder einen klaren Schlussstrich ziehen möchte. Die Beteiligten müssen sich also bewusst machen, ob es möglich ist, über den Vorfall hinwegzukommen.

Ist dies erst einmal beschlossen, gibt es auch kein zurück mehr. Du musst in der Lage dazu sein, Dir selbst und dem Partner zu verzeihen. Ist das möglich, habt ihr die sogenannte „Null-Linie" erreicht, von der aus es nur noch bergauf gehen kann. Jetzt dürfen Du oder Dein Partner aber auch nicht mehr zurückblicken, selbst wenn ihr vielleicht noch Vieles aufarbeiten müsst. Keinesfalls darfst Du Dir oder dem Partner jetzt noch etwas vorwerfen, weil ihr die ganze Angelegenheit damit nur unnötig aufwärmt. Ständige Diskussionen oder gar Sticheleien bringen euch definitiv keinen Schritt weiter.

Der Vertrauensbruch ist dann zwar beileibe nicht vergessen, aber zumindest eliminiert, wenngleich er vielleicht noch schmerzt. Richte Deinen Fokus jetzt auf alle Dinge, die in der Beziehung positiv sind. Gibt es einen finanziellen Hintergrund für den Vertrauensmissbrauch, denk daran, wie liebevoll ihr die Beziehung in all den anderen Bereichen führt. Kam es an Deiner Arbeitsstelle zum Vertrauensbruch, konzentriere Dich auf die positiven Aspekte in Deinem Beruf. Wurdest Du von einem Freund enttäuscht, erinnere Dich an die guten Zeiten, die ihr miteinander verbracht habt. Sprecht auch über die guten Zeiten miteinander, dann kehrt auch das Glück, langsam aber sicher, wieder zurück.

Denk auch an andere Dinge im gemeinsamen Leben, die nichts mit dem Vertrauensbruch zu tun haben.

Denn in einer verbohrten Situation wie dieser, neigen die Menschen dazu, dass sie ihre gesamte Energie ausschließlich auf den negativen Vorfall konzentrieren. Es gibt im gemeinsamen Leben aber auch viele tolle Dinge, die dabei vernachlässigt werden.

Ziehe schließlich ein Fazit aus dem Erlebten: Versuch, das Positive darin zu sehen, weil nichts ohne Grund passiert und in allem Negativen auch etwas Positives steckt. Sobald Du diese Phasen abgearbeitet hast, wirst Du merken, dass Du dich nicht nur besser fühlst. Denn nun ist auch das Vertrauen wieder aufgebaut.

So kann scheinbar Unmögliches doch wahr werden

Bei vielen Menschen wird das Selbstvertrauen dadurch geschmälert, dass sie ihre Wünsche und Träume scheinbar nicht erreichen können. Doch das ist ein Trugschluss, denn scheinbar Unmögliches kann sehr wohl wahr werden. Damit ein Wusch sich erfüllt, reicht es natürlich bei Weitem nicht aus, dass Du Dir etwas besonders intensiv wünschst. Denn so mancher Wunsch oder Traum bleibt schlicht und ergreifend unerreichbar. Wenn Du die richtige Technik verwendest und Deine Perspektive anpasst, kannst Du zumindest ein Umfeld schaffen, welches sehr nahe an die Wünsche heran reicht.

Dabei ist vor allem eines wichtig: Konzentriere Dich stets auf die positiven Aspekte. Jeden Morgen solltest Du Dich darauf freuen, mit welchen positiven Dingen Dich der Tag überraschen wird. Positive Gedanken haben allein schon die Macht, Dich glücklicher und zufriedener zu machen und können sogar deinen Gesundheitszustand deutlich verbessern. Das gilt insbesondere für psychische Probleme, die sich durch eine positive Lebensführung vermeiden lassen. Wünsche allein verändern zwar Dein Leben nicht, aber Du wirst durch sie motiviert und angetrieben.

An deine Träume und Wünsche solltet Du genauso glauben, wie an dich selbst. Denn Du kannst etwas nur dann wirklich und erfolgreich bewerkstelligen, wenn Du wirklich überzeugt davon bist, dass Du es auch schaffen kannst. Deine Ziele kannst Du einfacher erreichen, wenn Du positive Gedanken hegst, aber auch Träume und Wünsche hast.

Dazu gilt es zunächst, die Träume und Wünsche zu konkretisieren. Denn es reicht bei weitem nicht aus, wenn Du Dir beispielsweise wünschst, reich und berühmt zu werden, Du solltest Dir dafür auch überlegen, woher der Reichtum kommen und welches Talent Dich berühmt machen könnte. Erst dann kannst Du einen Plan machen, um das Ziel zu verfolgen. Ganz gleich, welche Karriere Du einschlagen möchtest, du musst zum einen das Ziel stets deutlich vor deinem inneren Auge haben und fest an Dich glauben. Die Grundlagen dafür, dass Dein Wunsch in Erfüllung geht, musst Du allerdings selbst schaffen. Möchtest Du etwa ein Rockstar werden, solltest Du zumindest ein Instrument wie Bass, Schlagzeug oder Gitarre lernen.

Gib Deinen Träumen und Wünschen höchste Priorität und lass Dich von nichts und niemandem davon abbringen, diese auch zu erreichen. Bleib dir in jedem Fall selbst treu, auch wenn andere versuchen, Dir einen anderen Weg so schmackhaft wie möglich zu machen.

Denk intensiv darüber nach, welche Träume auch wirklich realistisch sind und wie sie sich verwirklichen lassen. Hast Du Dir als Kind beispielsweise immer gewünscht, ein Superheld zu sein, kannst Du Dich in zahlreichen karitativen Organisationen oder in Tierheimen engagieren und somit zu einem modernen Helden der heutigen Zeit werden. Auf diese Art solltest Du jeden Wunsch dahingehend überprüfen, wie realistisch dieser ist und wie Du ihn verwirklichen kannst.

Dass ein Traum oder ein Wunsch von heute auf morgen in Erfüllung geht, kannst Du natürlich nicht erwarten. Du musst in jedem Fall geduldig bleiben und auch mit dem einen oder anderen Rückschlag rechnen, wovon Du Dich aber nicht unterkriegen lassen solltest. Betrachte die im Weg liegenden Steine eher als Baustoff, mit welchen Du Treppen oder Brücken bauen kannst. Erlebst Du einmal einen Rückschlag, solltest Du diesen außerdem kritisch betrachten, denn vielleicht warst Du auch nachlässig und hast nicht ausreichend daran gearbeitet, Deine Wünsche zu erfüllen. Probier es nach einem Rückschlag erneut, sodass Du Deinem Ziel zumindest ein Stück weit näher kommst.

Außerdem solltest Du schnell anfangen, Deine Wünsche und Träume zu verwirklichen und nichts auf die lange Bank schieben. Denn heute ist genau der richtige Tag, um den ersten Schritt zu machen. Auf den richtigen Moment zu warten, lohnt sich nicht, weil es den vermutlich nicht einmal gibt. Und: Je früher Du damit anfängst, an der Verwirklichung Deiner Wünsche und Träume zu arbeiten, umso schneller gehen diese auch in Erfüllung.

Je nachdem, welchen Wunsch Du verwirklichen möchtest, musst Du Dich natürlich auch schlau machen. Beispielsweise, welche Voraussetzungen Du mitbringen musst, um in Deinem Traumberuf arbeiten zu können. Oder wo Du Deine Wunschsportart lernen und ausüben kannst. Wenn Du neue Freunde kennenlernen möchtest, die ähnliche Hobbies pflegen wie Du, such gezielt nach Veranstaltungen, auf welchen Du sie kennenlernen könntest oder besuche Kurse.

Schließlich solltest Du Dir auch eine Deadline setzen, bis wann du den Wunsch erfüllt haben möchtest. Sämtliche Schritte, und auch die kleinen Erfolge, hältst Du in Deinem Selbstvertrauen-Tagebuch fest. Für den besseren Überblick kannst Du Deine kleinen Zwischenerfolge auch bunt markieren.

Keinesfalls solltest Du aus Deinen Träumen ein Geheimnis machen, sondern stolz davon erzählen, was Du vorhast. Du brauchst dabei Auch keine Angst davor zu haben, dass Du als Spinner abgekanzelt oder belächelt wirst. Denn jeder wahre Freund wird Dich unterstützen und allenfalls konstruktive Kritik üben. Zweifler und Nörgler hingegen ignorierst Du besser und meidest sie im günstigsten Fall. Genau diesen Personen fehlt es nämlich in aller Regel an Mut und dem nötigen Selbstvertrauen, um Dich zu unterstützen und sich für Dich zu freuen. Wenn Du von Deinen Träumen erzählst, stellt sich schnell heraus, wer Dich unterstützt und wer die heillosen Pessimisten in deinem Umfeld sind.

Disziplin: eine wichtige Eigenschaft für mehr Selbstbewusstsein

Disziplin ist ein elementarer Bestandteil des Lebens, von der Schule angefangen über Ausbildung oder Studium bis hin zum Arbeitsplatz. Aber auch wenn es um Ernährung oder Sport geht, ist Disziplin äußerst wichtig. Und auch in der Erziehung von Kindern oder im Umgang mit Tieren ist Disziplin gefragt. Doch was bedeutet Disziplin überhaupt und wie hängt es mit dem Selbstbewusstsein zusammen?

Bei Disziplin handelt es sich um genau das Verhalten, das Dich davon abbringt, von Deinem Weg zum Ziel abzukommen. Diese Eigenschaft zeichnet insbesondere erfolgreiche Menschen aus, die eben auch ein großes Selbstbewusstsein haben. Der Grund: Sie bringen sehr viel Energie auf, um ihre Ziele zu erreichen. Zwar ist die eiserne Willenskraft der Disziplin nicht jedem Menschen angeboren, doch jeder Mensch kann sie lernen und auch trainieren.

Wenn Du jeden Tag lernst und übst, schaffst Du es mit ausreichend Übung schließlich zum Ziel. Du musst lediglich Deinen eigenen Rhythmus und Dein eigenes System finden. Beim Erlernen von Sprachen etwa solltest Du die Vokabeln täglich wiederholen oder wenn Du Muskulatur aufbauen möchtest, musst Du Dich jeden Tag bewegen. Denn täglich kurze Einheiten sind wesentlich besser, weil die Wahrscheinlichkeit größer ist, dass Du dauerhaft durchhältst. Schließlich hast Du auch die notwendige Routine, damit das tägliche Training nicht mehr anstrengend ist.

Damit Du diszipliniert arbeiten kannst, musst Du auch selbst sehr gut auf Dich achten. Wichtig ist vor allem ein ausreichender Schlaf, denn sowohl der Körper als auch der Geist leiden darunter, wenn Du zu wenig Schlaf bekommst. Erschwerend hinzu kommt, dass Du Dein Projekt dann vielleicht zu anstrengend findest und die Lust daran verlierst.

Nicht minder wichtig ist die gesunde Ernährung mit einer vitaminreichen Kost. So solltest Du täglich Salat essen und den Hunger auf etwas süßes mit Nüssen, Trockenfrüchten und Obst stillen, statt mit Schokoriegeln.

Dann geht es darum, zu ergründen, warum Du meinst, dass Du in Deinem Leben mehr Disziplin brauchst. Dazu solltet Du Dich fragen, wann Dir der innere Schweinehund am häufigsten im Weg steht oder in welchen Situationen Du Dich nur allzu gern von Deinen Aufgaben ablenken lässt. Beantworte Dir diese Fragen ganz ehrlich, Denn es macht sehr wohl einen großen Unterschied, ob Du die Pläne anderer vor Deine eigenen stellst oder Deine Pläne aus reiner Bequemlichkeit aufgibst. In diesem Fall musst Du Dich lediglich selbst treten und motivieren. Ist es jedoch der Fall, dass Du Deine Pläne anderen zuliebe aufgibst, ist es dringend notwendig, dass Du lernst, wie Du standhaft bleiben kannst.

Nun musst Du Dich selbst davon überzeugen, dass du sehr wohl diszipliniert sein kannst. Denn so mancher Zeitgenosse kokettiert gern damit, dass er wenig Durchhaltevermögen hat. Außerdem musst Du davon überzeugt sein, dass es allein in Deiner Hand liegt, ob etwas gelingt oder nicht, weil sich niemand das Recht herausnehmen darf, Dir zu sagen, ob Du richtig liegst oder nicht. Hier musst Du eine Grenze ziehen und stolz Deinen eigenen Weg gehen.

Äußerst hilfreich für ein diszipliniertes Leben ist es, wenn Du Deinen Tagesablauf besser strukturierst. Das bedeutet beispielsweise, dass Du Deinen Tag stets zur selben Uhrzeit beginnst und nach dem Aufstehen etwa ein wenig Frühsport oder Meditation betreibst, bevor Du ein nahrhaftes Frühstück zu Dir nimmst. Dafür solltest Du aber auch jeden Tag vor Mitternacht ins Bett gehen. Weitere wichtige Elemente für ein diszipliniertes Leben sind regelmäßige Mahlzeiten und dass Du Deine Wohnung selbst aufräumst. Für die Mahlzeiten kannst Du wöchentlich oder monatlich einen Speiseplan, samt zugehöriger Einkaufsliste, aufstellen. Ferner ist auch ein Finanzplan oder zumindest ein einfacher Haushaltsplan hilfreich. Bei aller Disziplin dürfen regelmäßige Pausen natürlich nicht fehlen. Diese Pausenzeiten solltest Du auch in der Arbeit fest einplanen und Dich daran halten.

Ein erfülltes Leben mit mehr Selbstbewusstsein

Ein erfülltes Leben kannst Du nicht führen, wenn Du kein Selbstbewusstsein hast, umgekehrt ist aber auch Selbstbewusstsein die Voraussetzung für ein erfülltes Leben. Du solltest also nun herausfinden, wie erfüllt Dein Leben derzeit ist. Schreib dafür in Dein Tagebuch alle Begriffe, die Du mit einem erfüllten Leben in Verbindung bringst. Dann solltest Du Dir die Frage, ob Du bisher ein glückliches Leben geführt hast, ehrlich beantworten. Egal, wie die Antwort auf diese Frage ausfällt, frage Dich dann auch nach dem Warum.

Teile den Begriff glückliches Leben dafür in verschiedene Kategorien auf wie „Beziehungen und Familie", „Freizeit" und „Beruf". Anschließend bewertest Du die verschiedenen Kategorien auf einer Skala von eins bis zehn, wobei die 10 dafür steht, dass Du absolut glücklich bist. Gibt es einzelne Kategorien, die Du besonders schlecht bewertet hast, solltest Du Dich ebenfalls fragen, warum das so ist. Wichtig ist insbesondere, dass sich die Zufriedenheit durch alle Bereiche des Lebens hinzieht, wobei der Höchstwert natürlich nicht in jeder Kategorie erreicht werden muss.

Nun solltest Du damit beginnen, daran zu arbeiten, ein glücklicheres Leben zu führen. Bist Du etwa mit der finanziellen Situation unzufrieden, kann Dir ein Haushaltsplan bei der Verbesserung helfen. Bist Du hingegen im zwischenmenschlichen Bereich unzufrieden, solltest Du Dir überlegen, Deinen Alltag etwas aufzupeppen. Aber vergiss dabei nicht: Es macht Dich selbst auch glücklich, wenn Du andere glücklich machst. Zufriedenheit und Harmonie in Deinem Leben erreichst Du am besten durch eine gute Balance zwischen Nehmen und Geben.

Einen Sinn für das Leben finden

Grundsätzlich bedeutet dies, dass durch das Leben ein bestimmter Zweck erfüllt werden soll, weil es damit sowohl für Dich als auch für andere an Bedeutung gewinnt. Du wirst geschätzt und gebraucht und lebst nicht einfach ins Blaue hinein. Denkst Du, Dein Leben hat keinen Sinn, ist das deprimierend und Du verlierst die Hoffnung rasch. Erkennst Du hingegen einen Sinn in Deinem Leben, wird dadurch Dein Selbstbewusstsein gestärkt, weil du Dich wichtig fühlst.

Den Sinn für Dein Leben musst Du Dir aber sehr wohl erarbeiten. Du musst also ganz individuell den Sinn für Dein persönliches Leben finden. Dafür kannst Du Dich etwa fragen, wie Du anderen so viel gibst, dass Du das mehrfach wieder zurückbekommst. Oder was Dich so außergewöhnlich macht, dass andere davon profitieren.

Oft wirkt das Leben sinnlos für junge Menschen, die ihre erste Wohnung beziehen. Denn sie sind jetzt nicht mehr in ein familiäres Geflecht eingebunden und nur noch für sich allein verantwortlich. Dabei handelt es sich aber bereits um einen wichtigen Lebenszweck: Du bist nun ganz allein dafür verantwortlich, dass es Dir gut geht.

Wenn Dir das allein noch nicht genügt, mach in Deinem Selbstbewusstsein-Tagebuch eine Liste mit den Dingen, die für Dich den Sinn des Lebens ausmachen, etwa Deine Hobbies. Handelt es sich um Dinge wie Fotografie oder Malen, kannst Du einen Kurs besuchen, um herauszufinden, ob das Deinem Leben tatsächlich einen tieferen Sinn gibt.

Dann stellst Du Dir vor, Du hättest das Ende Deines Lebens erreicht und würdest zurückblicken. Vorstellen kannst Du Dir natürlich jede beliebige Situation, die Du Dir wünschst, etwa dass Du viele Reisen unternommen oder eine große Familie gegründet hast. Im nächsten Schritt unternimmst Du die ersten Schritte, um diesen Wunsch zu erfüllen. Willst Du eine Familie gründen bedeutet das zum Beispiel, dass Du Dich zunächst einmal auf die Suche nach einem Partner machen musst. Oder wenn Du viel reisen möchtest, machst Du Dich schlau, ob es geeignete „Work and Travel"-Programme für Dich gibt oder ob Du vielleicht als digitaler Nomade arbeiten solltest.

Anschließend listest du Deine Talente und Stärken auf und findest heraus, welche Du beruflich nutzen oder aus welchen Du Profit schlagen könntest. Nimm Dir ausreichend Zeit, um diese Liste auch komplett zu machen. Setz Dich etwa zwei Wochen lang jeden Abend hin und denke darüber nach, was Dir an diesem Tag besonders viel Spaß gemacht hat. So kommt bei Dir wahrscheinlich eine endlose Liste zusammen. Es besteht also die Gefahr, Dich zu verzetteln, weshalb Du Dich besser nur auf eine Handvoll-Punkte konzentrieren solltest, also auf jene Aktivitäten, die Dir am meisten Spaß machen. Diese Punkte prüfst Du absolut gründlich, weil sie Deinen Wünschen, Bedürfnissen und Träumen wirklich voll und ganz entsprechen sollten.

Auch solltest du versuchen, herauszufinden, warum Du Deinem Leben plötzlich einen neuen Sinn geben möchtest und warum Du mit Deinem jetzigen Leben unzufrieden bist. Und such die Gründe für die Aspekte, die Dein Leben gerade sinnlos erscheinen lassen. Die Gedankengänge, warum Du diese verändern möchtest, notierst Du Dir dann ebenfalls. Nicht in jedem Fall ist eine Veränderung notwendig, vielleicht fehlt es Dir einfach nur an der richtigen inneren Balance.

Warum Empathie und Mitgefühl wichtig sind

Wer anderen gegenüber mitfühlend ist, wird von seinem Umfeld in aller Regel geschätzt und geliebt, was natürlich auch das Selbstbewusstsein stärkt. Schon allein aus diesem Grund solltest Du auch an dieser Facette von Dir arbeiten.

Tagtäglich wirst Du auf Menschen treffen, die Dich einfach nur nerven, weil deren Probleme das einzige Gesprächsthema sind, das sie kennen oder an allem und jedem herumnörgeln. Und genau da kannst Du schon ansetzen, indem Du versuchst, Dich in die Betroffen hineinzuversetzen. Höre ihnen einfach zu und frage Dich, warum diese Menschen so sind. Zeige ihnen Dein Interesse und versuch, Dich in sie hinein zu versetzen.

Du fragst Dich also, wie Du reagieren würdest, wärst Du in ihrer Situation, wie Du fühlen und wie Du handeln würdest. Dadurch kannst Du den Betroffenen einerseits helfen, andererseits erfährst Du dabei auch sehr viel über Dich selbst.

Du entwickelst also ein Gefühl für Mitmenschen, welchen es momentan schlecht geht. Allerdings ist das ein sehr schmaler Grat. Der Grund: Menschen, die zu emphatisch sind, werden von anderen nicht selten ausgenutzt. Wer besonders mitfühlend ist, läuft deshalb auch rasch Gefahr, an einer Depression oder einem Burnout zu leiden. Sie nehmen sich selbst nämlich zu sehr zurück. Du kannst zuhören und Hilfe anbieten, den Betroffenen ihre Sorgen aber nicht abnehmen.

Mitgefühl und Empathie kannst Du aber auch ganz einfach mit Hilfe einer Meditation aus dem Buddhismus lernen. Dafür begibst Du Dich in eine Meditations-Position und stellst Dir jemanden vor, für den Du unbegrenztes Mitgefühl empfinden möchtest. Nun baust Du das Gefühl von Herzenswärme auf und verinnerlichst dieses, sodass Du es schon nach kurzer Zeit zu jedem beliebigen Zeitpunkt abrufen kannst. Das hilft Dir insbesondere in jenen Situationen, in welchen Du an Deine persönlichen Grenzen stößt und nicht weißt, ob Du verstehen und helfen oder verärgert sein sollst.

Du kannst Dir aber auch eine Situation vorstellen, in der Du Empathie brauchst. Stell Dir beispielsweise vor, dass Du beim Spazierengehen einem verletzten Tier begegnest und wie Du ihm helfen könntest. Diese Situation gehst Du immer wieder durch. Dadurch verinnerlichst Du das Gefühl, helfen zu wollen.

Nach einiger Zeit hast Du auch im realen Leben den Mut, stärker für andere Menschen da zu sein. Einerseits wirkst Du dadurch auf Deine Mitmenschen sympathischer, andererseits bekommt Dein Leben durch das Gefühl, dass Du Gutes tun möchtest, einen Sinn und Du wirst selbstbewusster.

Wie ist es um Deine soziale Kompetenz bestellt?

Die soziale Kompetenz wird auch im Berufsleben immer wichtiger. Denn die Fähigkeit, wie Du mit anderen Menschen interagierst oder kommunizierst sagt viel über Deine Belastbarkeit, Motivation und Teamfähigkeit aus. Wichtig ist diese Fähigkeit aber auch im Hinblick auf Dein Selbstbewusstsein. Diese Fähigkeit entwickelt sich übrigens bereits in der Kindheit.

Zahlreiche Eigenschaften wie Einfühlungsvermögen, Glaubwürdigkeit, Belastbarkeit, Verlässlichkeit, Lernbereitschaft, Kritikfähigkeit oder Durchsetzungsvermögen machen die soziale Kompetenz aus. Wenn Du an Deiner sozialen Kompetenz arbeiten möchtest, listest Du diese Eigenschaften nun auf und bewertest Dich selbst.

Vor allem im Umgang mit Dir selbst und mit anderen Menschen kannst Du nun aktiv arbeiten. Wichtig ist dabei, dass Du ehrlich bist, kleine Notlügen zu vermeiden versuchst, für andere da bist und zu Deinem Wort stehst. Ein weiterer Faktor in diesem Zusammenhang ist die Toleranz gegenüber anderen.

Das heißt allerdings nicht, dass Du Konfrontationen oder Auseinandersetzungen vermeiden solltest. Du kannst Dich jederzeit auf eine Diskussion einlassen, sofern Du freundlich, ruhig und sachlich bleibst.

Schulen kannst Du Deine Sozialkompetenz und dabei gleichzeitig Dein Selbstbewusstsein stärken, wenn Du in die Öffentlichkeit gehst und versuchst, neue Kontakte zu knüpfen. Das kannst Du sowohl im privaten als auch im beruflichen Umfeld machen. Wenn Du jemanden für etwas lobst, sei ehrlich und kritisiere auf eine freundliche Art, ohne verletzend zu werden. Auch den einen oder anderen Kompromiss solltest Du eingehen. Du kannst andere auch danach fragen, welche Interessen sie haben und Dich damit beschäftigen.

Wenn Du ein guter Zuhörer bist, bedeutet das, dass Du ein hohes Maß an sozialer Intelligenz besitzt. In einem Gespräch solltest Du aber auch erklären, verstehen, debattieren, argumentieren und vermitteln sowie im richtigen Moment schweigen können. Behandle andere auch dann respektvoll und mit Anstand, wenn sie anders denken als Du.

Feiere Deine Erfolge

Selbst kleine Erfolge solltest Du schätzen, weil logischerweise nicht immer alles auf Anhieb klappen kann. Diese Erfolge solltest Du auch wirklich feiern und nicht nur anerkennen. Damit Du diese kleinen Erfolge erkennen kannst, eröffnest Du am besten ein neues Kapitel in Deinem Selbstbewusstsein-Tagebuch, worin Du Dir jeden Abend notierst, was Dir an diesem Tag besonders gut gelungen ist. Das können selbst Kleinigkeiten sein, die Dir selbst jedoch wichtig sind, beispielsweise ein schwieriges Gespräch in der Arbeit.

Kleine Erfolge wie etwa ein Losgewinn von wenigen Euro oder ein Schnäppchen beim Einkaufen gemacht zu haben, gehen in der Hektik des Alltags oft unter, weshalb es wichtig ist, dass Du Dich auch für diese kleinen Erfolge belohnst, etwa mit einer Kugel Eis oder mit einem entspannenden Vollbad. Diese kleinen Belohnungen sollten für Dich schließlich zu einem täglichen Ritual werden.

Hattest Du einmal einen wirklich schlechten Tag, bedeutet das nicht, dass Du versagt hast. Freue Dich darüber, dass der Tag vorüber ist und Du heil zu Hause angekommen bist. Dann kannst Du Dich einfach dafür belohnen, dass Du durchgehalten hast.

Aus einem Idol wird ein Ebenbürtiger

Nahezu in jedem Umfeld gibt es Menschen, die sich stark von den anderen abheben. Vielleicht bewunderst Du diese Menschen und möchtest so sein wie sie. Das ist jedoch ein Fehler. Denn wenn Du jemand anderer sein möchtest, machst Du Dich selbst klein. Das wiederum hindert Dich daran, ein gesundes Selbstbewusstsein aufzubauen.

Sofern Du dabei nicht Deine eigene Identität verlierst, ist es jedoch nicht schlecht, wenn Du Dich an anderen orientierst. Entdeckst Du in anderen Menschen gute Eigenschaften, ist es wichtig, dass Du dabei keinen Neid empfindest. Denn diese Emotionen sind tabu und solltest Du auf keinen Fall akzeptieren. Frag Dich lieber, welche Eigenschaften Du an der jeweiligen Person besonders schätzt. Wenn es sein einnehmendes Lachen ist, kannst Du diese Eigenschaft trainieren, indem Du beispielsweise auf dem Weg zur Arbeit oder zum Einkaufen andere Passanten anlächelst. Denk dabei an schöne Dinge, dann hast Du schon bald ganz automatisch ein Lächeln auf den Lippen.

Sobald Du Deine Sozialkompetenz erst einmal gut trainiert hast, kannst Du auch Gestik, Mimik und Stimmlage anderer Menschen besser einschätzen und auch darauf eingehen. Du kannst dann besser einschätzen, welchen Charakter Dein Gegenüber hat und seine besten Eigenschaften nutzen.

Wenn einmal kritisiert werden muss

Bei Kritik handelt es sich insofern um ein schwieriges Thema, weil sich der Kritisierte im ersten Moment verletzt fühlt. Wird die Kritik richtig eingesetzt, hat der Kritisierte aber auch die Möglichkeit zur persönlichen Weiterentwicklung, sofern er die Kritik nicht persönlich nimmt, wofür natürlich auch ein gesundes Selbstbewusstsein notwendig ist. Allerdings ist Kritik auch ein wichtiges Element in der zwischenmenschlichen Kommunikation.

Vielmehr handelt es sich bei Kritik um eine Form der Beurteilung. Wenn Du etwas – ganz gleich, was – kritisierst, hast Du Dir darüber eine Meinung gebildet, die Du auch äußerst. Es gibt jedoch verschiedene Arten von Kritik:

- positive Kritik, wozu Lob, Anerkennung und Wohlwollen zählen

- negative Kritik

- destruktive Kritik

- Selbstkritik

Wer konstruktive Kritik übt, bewertet nicht nur etwas, sondern betrachtet es analytisch. Im günstigsten Fall beinhaltet diese Form von Kritik sogar einen Lösungsvorschlag. Wirst Du konstruktiv kritisiert, ist dies hilfreich und nützlich, weshalb Du diese auch annehmen solltest.

Umgekehrt solltest Du Dir selbst auch angewöhnen, Kritik stets in dieser Form zu äußern. Formuliere Deine Kritik respektvoll, höflich und knapp, dann kannst Du nicht viel falsch machen. Zudem solltest Du es vermeiden, Kritik zu äußern, wenn Du keinen Lösungsvorschlag parat hast, was aber natürlich nicht immer einfach ist. Umgekehrt kannst Du aber von Deinem Umfeld ebenfalls konstruktive Kritik erwarten. Wirst Du kritisiert, sprich das an und sag, wie Kritik in Zukunft formuliert sein sollte. Auch das hilft Dir dabei, einen selbstbewussten Auftritt zu trainieren.

Warum Egoismus nicht unbedingt negativ ist

Egoistische Menschen wirken auf ihr Umfeld einerseits unangenehm, andererseits geht von ihnen trotzdem eine gewisse Faszination aus, weil sie pures Selbstbewusstsein ausstrahlen. Viele Menschen legen Egoismus jedoch falsch aus, weil Egoisten es schlicht und ergreifend gelernt haben, dass ihre eigenen Ansprüche an oberster Stelle stehen. Keinesfalls sollten sie aber andere verletzen oder über Leichen gehen.

Handelt es sich um gesunden und positiven Egoismus, ist dieser also grundsätzlich positiv zu bewerten. In diesem Fall kannst Du nämlich Egoismus durchaus auch durch den Begriff Selbstliebe ersetzen. Wirft Ihnen ein Bekannter oder ein Freund vor, dass Du zu egoistisch bist, kannst Du ganz einfach widersprechen, indem Du sagst, dass Du Dich selbst liebst und Du Dir selbst am nächsten bist. Dadurch entkräftest Du direkt die Worte des – oftmals neidischen – Kritikers.

Das bedeutet jedoch nicht, dass Du anderen nicht mehr helfen solltest, jedoch musst Du Dich selbst bei der Hilfe noch wohlfühlen. Schließlich solltest Du Dich nicht kaputt machen, damit es anderen besser geht. Änderst Du Deine Einstellung zu gesundem Egoismus, stärkst Du damit ganz automatisch auch Dein eigenes Selbstbewusstsein.

Wie kannst Du Grenzen setzen?

Wenn Du jemandem Grenzen setzt, musst Du auch dazu in der Lage sein, diese durchzusetzen. Dafür musst Du Dich von dem Gedanken verabschieden, dass Du andere womöglich vor den Kopf stößt oder gar verletzt, wenn Du einmal „Nein!" sagst. Hierbei handelt es sich um gesunden Egoismus, den Du annehmen und mit dem Du Dich wohlfühlen solltest. Schließlich solltest Du Dich nicht schlecht dabei fühlen, einmal Deine Meinung durchzusetzen.

Deine Grenzen überschreiten andere Menschen nämlich schlicht und ergreifend, weil es für sie äußerst praktisch ist, wenn sie alles mit Dir machen können. Ist das der Fall, zeigst Du Deine Grenzen einfach nicht deutlich genug auf, vielleicht aus Angst davor, dass Du dadurch eine Tür schließen könntest. Wirst Du ausgenutzt, liegt es also auch an Dir selbst, weil Du es zulässt.

Vertrittst Du Deinen eigenen Standpunkt vehement, musst Du auch keine Konfrontation scheuen, solange Du freundlich und respektvoll bleibst. In den meisten Fällen reicht es nämlich schon aus, wenn Du einfach nur sagst: „Ich möchte das nicht!" Dabei blickst Du Deinem Gegenüber direkt in die Augen, sodass dieser keinerlei Hauch von Unsicherheit verspürt. Aber auch Du selbst solltest Deine Grenzen keinesfalls überschreiten. Dein Bauchgefühl sagt Dir ganz klipp und klar, wann Du diese erreicht hast.

Das „Nein!"-Sagen kannst Du im Alltag nahezu ständig üben. Beispiele dafür: Will Dich jemand zu einer Umfrage einladen, bleib nicht stehen, sondern geh einfach weiter. Oder verneine im Supermarkt die Frage nach Kleingeld, weil Dir halt gerade nicht danach ist. Wenn Du erst einmal gelernt hast, wie einfach das ist, fällt es Dir auch leichter, im Umfeld unangenehme Dinge abzulehnen. Wichtig ist dabei nur, dass Du keine Angst hast, mutig bist und standhaft bleibst.

Authentisch sein – wie geht das?

Authentisch zu sein heißt, dass Du es nicht nötig hast, Dich hinter einer Maske oder einer Fassade zu verstecken, sondern echt bist. Und Du hast auch keine Angst mehr davor, anderen Deine Gefühle zu zeigen. Du zeigst nach außen hin also Dein wahres Ich und bist dabei selbstbewusst und stolz.

Dafür, in bestimmten Situationen nicht authentisch zu sein, gibt es viele Gründe. Allen voran die Angst davor, dass dadurch andere verletzt werden können, diese zu verletzen oder selbst als lächerlich dazustehen. Bist Du in einer Situation nicht authentisch, möchtest Du eine Erwartungshaltung erfüllen, weshalb Du Dich hinter einer Maske versteckst.

Bist Du nicht Du selbst, bist Du aber weder glücklich noch erfolgreich noch selbstbewusst, was jedoch Deine wichtigsten Prioritäten sein sollten. Zeig deshalb Dein wahres Gesicht, auch wenn das so manchem in Deinem Umfeld vielleicht nicht gefällt. Denn wenn Du

Dich hinter einer Maske versteckst, belügst Du damit, sowohl Dich als auch andere, und enttäuschst diese auch irgendwann, weil Du eine Fassade nicht auf Dauer aufrechterhalten kannst.

Notier Dir deshalb in Deinem Selbstvertrauen-Tagebuch, in welchen Situationen Du eine Rolle spielst und in welchen Du Du selbst bist. Schreib Dir dazu auch alle wichtigen Personen aus Deinem Umfeld auf und stell Dir die Frage, ob Du in deren Gegenwart authentisch bist, warum und wie Du Dich dabei fühlst.

Anschließend nimmst Du die Liste jener Personen, in deren Gegenwart Du nicht authentisch bist, unter die Lupe und stellst Dir die Frage, welche Rolle Du spielst und warum Du Dich überhaupt verstellen musst. Daraufhin entscheidest Du Dich bewusst dafür, auch in deren Gegenwart künftig authentisch zu sein, was anfangs nicht unbedingt einfach ist, weil Du diese Rolle vielleicht schon sehr lange spielst. Fang deshalb am besten klein an und tritt zunächst einmal an Orten authentisch auf, an welchen Dich keiner kennt. Das können neue Lokale sein, andere Orte oder auch soziale Netzwerke. Authentisch auftreten solltest Du auch gegenüber Menschen, die Du neu kennenlernst, von Anfang an. Dann kannst Du den authentischen Auftritt allmählich auch in den Alltag einfließen lassen.

Weil Du eine völlig eigenständige Persönlichkeit bist, solltest Du Dich künftig auch nicht mehr mit anderen vergleichen. Zur Authentizität gehört es aber auch, dass Du Gefühle zulässt und zeigst. Dabei gibt es sehr wohl auch einen Unterschied zwischen unterdrückten und kontrollierten Gefühlen. Emotionen unter Kontrolle zu haben, bedeutet vielmehr, dass Du es auch aussprichst, wenn Dich etwas traurig macht. Wenn Du über Deine Gefühle sprichst, solltest Du diese aber auch bildlich beschreiben können.

Wichtig ist es ferner, dass Du Dich aus emotionaler Abhängigkeit befreist. Diese entsteht aus der Angst heraus, dass Du nicht akzeptiert oder geliebt werden könntest. Vielleicht ist es aber genau umgekehrt: Dass Dich die Menschen in Deinem Umfeld umso mehr akzeptieren und respektieren, je authentischer Du bist. Ist das nicht der Fall und Du wirst von einigen Menschen vielleicht sogar fallengelassen, sei froh darum. Umgib Dich lieber mit Menschen, die Dich dafür mögen und schätzen, dass Du bist wie du bist.

Das zeichnet selbstbewusste und erfolgreiche Menschen aus

Menschen mit einem gesunden Selbstbewusstsein und erfolgreiche Menschen zeichnet vor allem eine Eigenschaft aus: Sie warten nicht ab, zögern und zaudern nicht, sondern sind aktiv. Sie sind authentisch, lassen sich nicht durch Ängste ausbremsen und sind stets offen für Neues. Willst Du selbst erfolgreich sein, musst Du also Wege finden, statt nach Ausreden zu suchen.

Kommunikation und Auftreten als Schlüssel zum Erfolg

Der Begriff Kommunikation bezeichnet die Übertragung von Informationen zwischen zwei oder mehreren Personen. Diese vielleicht abstrakt klingende Definition bezeichnet aber nichts weiter als den Kontakt, den wir tagtäglich mit anderen Menschen pflegen, mit der Familie, mit Kollegen, mit Freunden und Bekannten, aber auch mit Fremden. Und genau da hakt es oft, wenn Du nur ein geringes Selbstbewusstsein hast. Im vertrauten Umfeld, also in der Familie oder im Freundeskreis, hast Du vermutlich kein Problem damit, offen und ehrlich zu sprechen.

Im Kollegenkreis hingegen bist Du wohl schüchterner, auch weil hier verschiedene Ängste mit hinein spielen können. Etwa die Angst, dass Du Dich blamieren könntest oder Dir eine Aussage negativ ausgelegt werden könnte. Du hältst Dich also zurück und stehst schnell im Ruf, schüchtern zu sein. Gespräche mit Vorgesetzten sind dann schon ein Stück weit schwieriger. Und öffentliche Auftritte wie Reden oder durch ein zwangloses Gespräch bei einer Party, oder einem Firmen-Event neue Kontakte knüpfen, ist für Dich vermutlich ein Ding der Unmöglichkeit.

Damit entgeht Dir jedoch einiges. Schließlich bedeuten neue Kontakte nicht nur ein größeres soziales Umfeld, sondern sie erweitern auch Deinen Horizont. Das gilt umso mehr im beruflichen Umfeld. Denn erfolgreiche Menschen, die Karriere machen und an Kollegen mit gleicher Qualifikation vorbeiziehen, zeichnet vor allem eines aus: Sie haben ein großes Netzwerk mit zahlreichen Kontakten in der Branche. Wollen sie die

Firma wechseln, weil sie auf der Karriereleiter weiter nach oben klettern möchten, brauchen sie oft nicht einmal eine Bewerbung schreiben. Denn es reicht schon aus, wenn sie einen Bekannten aus ihrem Netzwerk anrufen und bekommen problemlos ein Vorstellungsgespräch auf dem kurzen Dienstweg.

Und noch eines beherrschen Menschen mit einem großen Selbstbewusstsein aus dem Effeff: Die Kunst des Smalltalks. Sie können also scheinbar spielend bei jeder beliebigen Gelegenheit Kontakte knüpfen und sich mit fremden Menschen unterhalten, als würden sie diese schon seit Jahren kennen. Doch gelungener Smalltalk ist kein Hexenwerk, und auch Du kannst lernen, wie Du mühelos mit Fremden ins Gespräch kommst. Die in den vorherigen Kapitel genannten Tipps, sollten Dir dabei helfen, die Scheu davor zu verlieren, auf andere Menschen zuzugehen. Und hast Du das ein- oder zweimal gemacht, hat das gleich zwei positive Effekte für Dich: Zum einen lernst Du neue Menschen kennen, die Dein Leben bereichern und zum anderen wirst Du mit Sicherheit feststellen, dass Dein Selbstbewusstsein ein ordentliches Stück gewachsen ist, wenn Du Deinen inneren Schweinehund erst einmal überwunden hast.

Smalltalk – was ist das?

Viele Menschen denken, Smalltalk – also das Gespräch über absolute Belanglosigkeiten – werde nur geführt, um bei gesellschaftlichen Anlässen die peinliche Stille zu überbrücken. Doch das ist weit gefehlt. Denn vielmehr handelt es sich bei Smalltalk um eine besondere Kunst in der Gesprächsführung, bei der es darum geht, mit Menschen, die man wenig oder gar nicht kennt, ins Gespräch zu kommen. Smalltalk ist also gewissermaßen ein verbales Herantasten an andere Menschen, durch das es gelingt, im Rahmen der Unterhaltung eine gemeinsame Sprachebene zu finden.

Smalltalk ist eine Plauderei, die oftmals spontan startet. Ein genauer Verlauf des Gesprächs lässt sich von keinem der Betroffenen von vornherein planen. Darüber hinaus erfolgt das Gespräch relativ locker, ohne dass dabei tiefgreifende Themen, wie etwa Politik oder ähnliches, aufgegriffen oder zu viel aus dem Privat- oder Berufsleben verraten wird. Ferner gibt es während des Smalltalks keine hierarchischen Strukturen zwischen den Gesprächspartnern.

Angebracht ist diese Form des Gesprächs in jedem Fall, wenn Du einen anderen Menschen erst neu kennenlernst, wobei es keine Rolle spielt, ob das im Privatleben oder im beruflichen Umfeld der Fall ist. Folgende Eigenschaften zeichnen den Smalltalk aus:

- Die Gesprächspartner verwenden meist nur kurze Sätze, die sich inhaltlich auf das vorher Gesagte beziehen. Bietet dieses Thema keinen weiteren Gesprächsstoff oder ist es einem der Beteiligten unangenehm, wird das Thema geschickt gewechselt.

- Durch Gesprächspausen wird signalisiert, dass nun ein anderer das Wort übernehmen kann.

- Die beteiligten sollten zeigen, dass sie ihren Gesprächspartnern gerade die volle Aufmerksamkeit schenken.

- Ein Smalltalk wird geführt, um peinliches Schweigen zu vermeiden, die Atmosphäre aufzulockern oder sich gegenseitig kennenzulernen.

Woher stammt der Begriff Smalltalk?

Das Wort Smalltalk setzt sich aus den englischen Begriffen „small" und „talk" zusammen, also klein und Gespräch. Nach der wörtlichen Übersetzung bedeutet Smalltalk folglich kleines Gespräch. Im Grunde genommen geht es bei dieser Gesprächsform darum, möglichst wenig zu sagen und dennoch möglichst viel zu reden. Wenn Du es erst einmal versucht hast, wird es Dir schon mit ein wenig Übung mühelos gelingen, dass Du ein Gespräch über einen längeren Zeitraum hinweg am Laufen hältst, ohne Themen anzusprechen, die Deinem Gegenüber vielleicht unangenehm sein könnten.

Gepflegt wurde diese Art des Gesprächs übrigens schon während des 15. und 16. Jahrhunderts in den damaligen Adelspalästen. Wer bei gesellschaftlichen Anlässen an den Adelshöfen neue Kontakte knüpfen wollte, war zwingend darauf angewiesen, gepflegte Salongespräche mit Esprit und Charme führen zu können. Als Erfinder des Begriffs gilt übrigens Philip Dormer Stanhope, ein britischer Politiker, der diesen Begriff anno 1751 erstmals verwendete.

Darum ist Smalltalk so wichtig

Der irische Schriftsteller Oscar Wilde meinte einst, dass sich ein Gespräch, welches gut geführt wird, dadurch auszeichne, dass alles berührt und nichts vertieft werde, was insbesondere für den Smalltalk gilt. Sofern Du diese Kunst beherrschst, gelingt es Dir, jene Situationen, in welchen peinliches Schweigen im Raum herrscht, zu meistern. Sowohl beruflich als auch privat stehen Dir dann außerdem auch völlig neue Chancen offen.

Diese Kunst musst Du allerdings erst lernen, sobald Du Deine Zurückhaltung erst einmal abgelegt hast. Sobald Dir das einmal gelungen ist, steigert sich Dein Selbstbewusstsein dadurch und Du kannst weiter an Deinen Fähigkeiten als charmanterer Plauderer arbeiten. Denn je öfter Du es übst, umso einfacher wird es für Dich, mit fremden Menschen in Kontakt zu treten und die Augenblicke der peinlichen Stille zu überbrücken. Umso mehr wirst Du als Gesprächspartner übrigens geschätzt, je kreativer die Gesprächsthemen sind, die Du in den Raum stellst.

Wählst Du den leichteren Weg und bleibst bei altbackenen Themen wie dem Essen oder dem Wetter, schaffst Du es dagegen kaum, mehr Sympathien auf Dich zu ziehen. Dadurch besteht aber auch die große Gefahr, dass Du Dir so manche Chance verdirbst. Denn die Chance, einen guten Eindruck bei anderen Menschen zu hinterlassen, gibt es leider nur einmal. Und ein gut geführter Smalltalk ist eine der besten Möglichkeiten, um bei anderen einen guten Eindruck zu hinterlassen.

Beispielsweise, wenn Du an einem Bankett, das Deine Firma veranstaltet, teilnimmst und Dir klar ist, dass Du hier nicht nur auf Deine Vorgesetzten treffen wirst, sondern auch auf Kollegen, die Du nicht besonders gut kennst. Dies kannst Du als lästige Pflicht betrachten und vielleicht gar nicht erst hingehen oder Du willst die Veranstaltung schmerzfrei und möglichst schnell hinter Dich bringen. Genau das strahlst Du dann aber auch aus, sodass kaum jemand der Anwesenden auf die Idee kommen wird, ein Gespräch mit Dir beginnen zu wollen.

Das Bankett kannst Du aber auch als Chance betrachten, was es ja auch ist, und Dir im Vorfeld überlegen, wie du möglichst geschickt in ein Gespräch einsteigst. Denn legst Du die richtigen Smalltalk-Fähigkeiten an den Tag, überzeugst Du nicht nur Deine Kollegen, sondern auch Deine Vorgesetzten von Dir. Das wiederum steigert Deine Chancen, etwa wenn es um die Teilnahme an interessanten Projekten, Beförderungen oder Gehaltsverhandlungen geht, weil Du positiv in Erinnerung geblieben bist.

Auch Forscher haben sich in verschiedenen Studien bereits mit Smalltalk beschäftigt. So hat eine Studie der Universitäten Cambridge und British Columbia, die 2015 veröffentlicht wurde, ergeben, dass Menschen leichter Kontakte knüpfen und entspannter sind, die ein kleines Gespräch zwischendurch zu schätzen wissen. Das bedeutet: Führst Du zwischendurch ein nettes, belangloses Gespräch, wirst Du ausgeglichener, was sich wiederum positiv auf Dein Selbstwert auswirkt.

Der Grund dafür ist simpel: Grundsätzlich handelt es sich beim Menschen um ein soziales Wesen, der sich danach sehnt, in einer Gruppe eingebunden zu sein. Hierbei handelt es sich also um ein absolutes Grundbedürfnis des Menschen. Ist dieses erfüllt, fühlt er sich rundum wohl.

Smalltalk: eine unverzichtbare Fähigkeit im Alltag

Die Situationen, in welchen es der Mensch schafft, sich mit bekannten oder unbekannten Menschen über das Wetter zu unterhalten, sind schier endlos. Anscheinend scheint der Mensch also nicht dafür gemacht zu sein, ruhig neben anderen Menschen zu stehen, ohne etwas zu sagen. Während es die meisten als angenehm empfinden, wenn sie in der Gegenwart von Bekannten einmal ein paar Minuten schweigend verbringen können, wirkt diese Stille in Gegenwart fremder Personen eher unangenehm, mit ein wenig Smalltalk fühlen sich also alle Beteiligten ein Stück wohler.

Und nicht zuletzt kann ein gelungener Smalltalk durchaus der ausschlaggebende Grund für den beruflichen Aufstieg oder das private Glück sein. Der Grund dafür: Du schaffst es dabei einerseits, Dein Gegenüber von Dir zu überzeugen und anderseits zeigst Du Deinem Gegenüber auch, dass Du Dich gut auf ihn einstellen kannst.

Grundvoraussetzung für einen erfolgreichen Smalltalk: die Selbstsicherheit

Aus einem guten Grund ist Selbstsicherheit ein äußerst wichtiger Schritt auf dem Weg zum gelungenen Smalltalk. Denn Selbstsicherheit macht es Dir möglich, Deine Fähigkeiten besser einzuschätzen und macht es Dir möglich, emphatischer auf Deinen Gesprächspartner einzugehen.

Dabei darfst Du Selbstsicherheit nicht mit Selbstbewusstsein verwechseln. Letzteres bedeutet nämlich nicht mehr, als dass Du von Deinen Fähigkeiten überzeugt bist, während Selbstsicherheit besagt, dass Du sowohl um Deine Stärken als auch Deine Schwächen sehr wohl Bescheid weißt. Du kennst Dich selbst also

sehr gut und wirkst deshalb auch authentisch und natürlich auf andere Menschen. Denn oftmals entscheidet
es sich schon beim ersten Gespräch, ob sich Dein Gesprächspartner öffnen kann und ihr eine gemeinsame
Basis für weitere Gespräche findet. Wenn Du eher unsicher bist, kannst Du das ruhig auch zeigen. Denn
Schüchternheit ist an und für sich ein Charakterzug, der
Dich anderen Menschen gegenüber sympathisch wirken
lässt – vor allem, wenn Du diese kleine Schwäche auch
zugibst.

Bist Du äußerst unsicher und es fällt Dir schwer,
von Dir aus auf fremde Menschen zuzugehen, musst
Du also zunächst einmal an Deinem Selbstwertgefühl
arbeiten, um dies zu steigern. Die Selbstsicherheit
stärkst Du in diesem Zusammenhang ganz einfach dadurch, dass Du Deine persönliche Komfortzone immer
wieder einmal Stück für Stück verlässt. Meisterst Du
etwa eine Situation, die Du Dir zuvor nicht zugetraut
hättest, lernst Du dabei auch, Dich so anzunehmen wie
Du bist und stolz darauf zu sein. Genau das strahlst Du
nämlich Deinem Gesprächspartner gegenüber aus, sodass einer offenen Kommunikation nichts mehr im Weg
steht.

Du beginnst am besten in kleinen Schritten, indem
Du Dich immer wieder in Situationen begibst, welche
Dir eigentlich eher unangenehm sind. Das kann ein
kleiner Plausch mit der Verkäuferin in Deiner Stamm-
bäckerei ebenso sein wie ein Lied bei einem Karaoke-
Abend zum Besten zu geben.

Solltest Du sehr schüchtern sein, stellt das natürlich
eine ganz besondere Herausforderung dar. Doch bei
jedem neuen Schritt nach vorne, spürst Du, wie auch
Dein Selbstbewusstsein, Stück für Stück wächst.

Tipps für mehr Selbstsicherheit:

Damit Du Dir Deiner selbst sicher sein kannst, gilt es zunächst einmal, Dich selbst besser kennenzulernen. Dann verstehst Du auch, warum Du in welchen Situationen wie reagierst und auch, wie Du diese Situationen in Zukunft besser meisterst. Das kannst Du auf verschiedene Arten machen:

Konzentriere Dich nicht nur auf Deine Schwächen

Viele Menschen haben den Hang, sich selbst immer nur schlecht zu machen. Sie weisen auch andere Menschen schon im ersten Gespräch auf ihre Schwächen hin. Gehörst Du zu dieser Sorte Mensch, bedeutet das wiederum, dass Du Dir selbst gar keine Chance dafür gibst, Dich anderen von Deiner besten Seite zu präsentieren. Dieses Problem kannst Du dadurch lösen, dass Du Dich zunächst einmal auf die Wünsche und Bedürfnisse anderer Menschen konzentrierst. Weil Du das Gefühl hast, dass Du jemandem hilfst, stärkst Du damit auch Dein Selbstbewusstsein. So kannst Du etwa einer älteren Nachbarin bei ihren Einkäufen helfen oder Dich in einem Obdachlosenasyl engagieren. Dadurch kommst Du außerdem mit anderen Menschen in Kontakt und stärkst Deine Smalltalk-Fähigkeiten.

Achte auf Dich

Selbstsicherheit hängt stark damit zusammen, wie achtsam Du mit Dir umgehst und wie gut Du Dich um Dich kümmerst. Deshalb solltest Du auf eine gute und gesunde Ernährung achten, regelmäßig Sport treiben und Dir die eine oder andere Belohnung gönnen. Dadurch steigerst Du Dein Selbstwertgefühl ganz natür-lich.

Warum Körpersprache wichtig ist

Den Ausspruch, dass der erste Eindruck zählt, kennt nahezu jeder. Trittst Du etwa in einen Raum, so kannst Du auf einen Blick auf die Anwesenden erkennen, ob Du dadurch Sympathie oder Antipathie ausgelöst hast. Das liegt aber im Wesentlichen daran, auf welche Art Du den Raum betreten hast. Denn wer auf andere missmutig, arrogant oder überheblich wirkt, erzeugt bei seinem Gegenüber automatisch Abwehr, während freundliche Menschen, die kompetent wirken, stets gut ankommen. Diese Eindrücke und Gefühle entstehen einzig und allein durch die Art, wie Du den Raum betrittst, also durch Deine Körpersprache.

Körpersprache – was ist das?

Deine Körpersprache ist die Summe vieler verschiedener Faktoren wie Deine Bewegungen, Deine Mimik, Deine Gestik, Deine Körperhaltung, aber auch Dein Gang, die Art, wie Du die Hände bei der Begrüßung drückst, und vieles mehr. Daneben gibt es noch unterschiedliche Arten des Blickkontakts und Nähe sowie Distanz zu den Mitmenschen. Wie Du von Deinen Mitmenschen wahrgenommen wirst, hängt also von einer Vielzahl von Faktoren ab, weil Du stets ein Signal aussendest, das von anderen Menschen wahrgenommen wird. Hierbei handelt es sich um die sogenannten Mikro- und Makro-Signale.

Die Mikrosignale nehmen andere Menschen oft nicht einmal bewusst wahr. Deren Unterbewusstsein verarbeitet dann die empfangenen Signale und sendet daraufhin selbst Signale aus. Sabine Mühlisch, die an der Hochschule Konstanz als Dozentin für nonverbale

Kommunikation tätig ist, hält es schlichtweg für unmöglich, dass ein Mensch mit seinem Körper lügen kann. Der Grund: Körper, Stimme und Wort müsse man als Einheit betrachten. Albert Mehrabian, ein US-amerikanischer Professor für Psychologie, fand heraus, dass die Körpersprache zu 55 Prozent entscheidet, wie Mitmenschen die Signale aufnehmen, während der Ton der Stimme nur zu 38 Prozent dafür verantwortlich sei.

Die Körperhaltung

„Man kann nicht nicht kommunizieren", sagte der Kommunikationswissenschaftler Paul Watzlawick. Denn wenn Du da stehst und nichts sagst, bedeutet das noch lange nicht, dass Du keine Signale an Deine Umwelt sendest und Dich Deinen Mitmenschen unbewusst mitteilst. Stehst Du beispielsweise mit hängenden Schultern, vielleicht sogar noch mit einem gekrümmten Rücken, da, zeigst Du Deinen Mitmenschen, dass Du traurig oder unsicher bist oder gerade einen Misserfolg verkraften musstest. Stehst Du dagegen in aufrechter Haltung mit gut frisierten Haaren da und trägst ein strahlendes Lächeln auf den Lippen, strahlst Du damit aus, dass Du sicher und entschlossen bist, Erfolg hast oder Dich einfach nur freust.

Doch was ist das Geheimnis des Erfolgs von erfolgreichen Menschen?

Ob ein Mensch erfolgreich ist, hängt nur zu zehn Prozent von dem ab, was er sagt oder weiß. Viel wichtiger für den Erfolg sind Faktoren wie das Auftreten, die Redegewandtheit, die Haltung oder das Charisma, also an dem, was er ausstrahlt. Deshalb gehört die Körper-

haltung auch zum Bereich der nonverbalen Kommunikation.

Ein wichtiger Faktor dabei ist die Kopfbewegung,
weil diese dem Körper gewissermaßen alle weiteren
Bewegungen vorgibt. Wer den Kopf gerade hält, wirkt
Selbstsicher und offen. Ist das Kinn nach oben ge-
streckt, wirkt der Mensch eingebildet und arrogant. Ist
der Kopf gesenkt, spricht das für Unsicherheit und
Verlegenheit, oft auch für Unterwürfigkeit. Allerdings
gibt es in der Einschätzung der Körpersprache auch
kulturelle Unterschiede: Während in Mitteleuropa Ni-
cken als Zeichen der Zustimmung betrachtet wird, zeigen Inder und Bulgaren ihre Zustimmung durch Kopf-
schütteln.

Wichtig: die Authentizität

Welche Körperhaltung Du gerade einnimmst, hängt
davon ab, ob Du unter negativem oder positivem Stress
leidest. Zwar kannst Du Deine Körperhaltung trainieren und somit etwas verbessern, jedoch kannst Du un-
bewusste Reaktionen nicht steuern. Kontrollieren
kannst Du aber etwa, wie Du gehst, sitzt oder stehst
oder welche Distanz Du zu anderen einhältst. Aber
auch hier gibt es kulturelle Unterschiede: Zu große
Nähe wird im Westen als unangenehm empfunden,
während eine zu große Distanz in Asien als unhöflich
gilt. Generell ist es aber tabu, sich einfach nur hin-
zulümmeln. Dadurch zeigst Du nämlich mangelnden
Respekt, Überheblichkeit, Langeweile und Desinteresse.

Allerdings wird eine gekünstelte Körperhaltung
vom Umfeld rasch auch als solche erkannt. Zumal es
nicht ausreicht, nur die Körperhaltung zu trainieren.
Denn Du musst auch Deine Mimik, Deine Gestik, die

Stimme und andere Faktoren in Dein Training miteinbeziehen. Weil es niemandem möglich ist, sich über einen längeren Zeitraum zu verstellen, musst Du Dir die
neue Körperhaltung so verinnerlichen, dass sie zu einem Teil Deines alltäglichen Lebens wird. Dadurch
wirkst Du erheblich authentischer.

Dein Selbstbewusstsein und Dein Selbstvertrauen
kannst Du aber sehr wohl verbessern, wenn Du negative Einflüsse aus Deinem Leben verbannst. Dazu gehört
neben ausreichend Schlaf, einer gesunden Ernährung
und dem Stressabbau durch Sport, auch die Verbesserung der Körperhaltung durch Sport. Dieses Training
ist nicht nur nachhaltig, sondern wirkt auch authentisch.

Während Kinder stets das aussprechen, was sie
denken, drücken Erwachsene ihre Empfindungen unbewusst durch ihre Körperhaltung aus. Wenn Du gezielt
daran arbeiten möchtest, musst Du Deine Schwächen
erkennen und gegensteuern:

- Aufgestaute Aggressionen und ein Übermaß an
Stress kannst Du durch Sport abbauen. Hast Du Ärger
mit jemandem aus deinem sozialen Umfeld, hilft zunächst Distanz, bevor ein klärendes Gespräch geführt
wird.

- Schaff Dir zuhause eine persönliche Wohlfühlzone. Das ist sogar am Arbeitsplatz möglich, beispielsweise, indem du Deine Lieblings-Kaffeetasse mitbringst.

Beispiele für die von der Körperhaltung ausgehen-
den Signale:

Negative Signale

- stehst Du breitbeinig da, zeigst Du, dass Du verärgert bist, es wirkt aber auch überheblich und wie Imponiergehabe

- stemmst Du die Hände in die Hüften zeigst Du Verärgerung, ein aggressives Auffordern oder Imponiergehabe

- lässt Du die Schultern hängen, zeigst Du damit, dass Du traurig und mutlos bist

- stehst Du mit einem angewinkelten Bein an der Wand, drückst Du damit Unsicherheit und Überheblichkeit aus

- stehen Füße und Beine eng beieinander, während Du Arme und Hände an den Körper presst und ist Dein Rücken unnatürlich durchgestreckt, strahlst Du damit übertriebene Disziplin und Unterwürfigkeit aus und Du scheinst Deine „wahren Absichten" verstecken zu wollen

- sitzt Du in einer lässigen Position, zeigst Du damit Überheblichkeit und Desinteresse

- sitzt Du auf der Vorderkante Deiner Sitzfläche bedeutet das Unsicherheit und Anspannung

- ziehst Du Deinen Oberkörper zurück, schaffst Du Distanz und zeigt Ablehnung

- schlingst Du Deine Arme um den Oberkörper, demonstrierst Du damit Ablehnung und Abschottung

- verschränkst Du die Arme vor dem Oberkörper bedeutet das komplette Abschottung

- schlingst Du die Füße um die Stuhlbeine, zeugt das von Unsicherheit und Anspannung

- wippst Du mit Deinem Fuß, bedeutet das Nervosität und Desinteresse

- spielst Du mit einer Haarsträhne, bedeutet das Desinteresse oder Verlegenheit

- wechselst Du während eines Gespräches ständig Dein Standbein, bist Du unsicher und hast noch keine klare Meinung

- machst du nur vergleichsweise kleine Schritte, wird Dir das als Pedanterie ausgelegt

- mit einem gespitzten Mund und zusammengezogenen Augen zeigst Du, dass noch Fragen offen sind

- hast Du eine Hand zur Faust geballt und liegt Deine Stirn in Falten, zeigst Du damit nach außen hin Zorn, Wut und Aggressivität

- stützt oder kratzt Du den Kopf, zeigst Du damit, dass Du nachdenklich bist

- ständig schnelle Hand- oder Fußbewegungen, kontinuierliches Wischen über die Mundwinkel oder Fingernägel kauen zeigt große Nervosität an

Die positiven Signale

- Selbstsicher wirkst Du, wenn Du aufrecht stehst und sitzt

- stehst Du mit leicht geöffneten Füßen, wobei Wirbelsäule und Kopf gerade stehen und die Schultern leicht zurückgenommen, jedoch nicht verkrampft sind, wird als Souveränität, Authentizität, Selbstsicherheit und Offenheit aufgefasst

- lehnst Du Deinen Oberkörper nach vorne, signalisierst Du damit Deine Zustimmung

- spiegelst Du das Verhalten Deines Gesprächspartners, bedeutet das Interesse und Zustimmung

- hältst Du den Kopf leicht schräg, konzentrierst Du Dich auf Dein Gegenüber

- gehst Du voller Elan, zeugt das von Antrieb, Motivation und Elan

- eine große Schrittlänge weist auf Tatendrang und Dynamik hin

- neigst Du den Oberkörper leicht nach vorne, zeigst Du Interesse, Offenheit und Konzentration

- hältst Du den Kopf leicht aufrecht, wobei das Kinn leicht nach oben steht, bedeutet das Interesse und Offenheit

- ein nach vorne gebeugter Oberkörper, wobei die Hände locker auf dem Schoss liegen steht für Wohlgefallen, Begeisterung, Zuneigung und Interesse

- nickst Du mit dem Kopf oder spitzt den Mund zeigst Du Zuneigung und Einverständnis

Die Stimme

Am sympathischsten wird von den meisten Menschen eine mittlere Stimmlage, die im Frequenzbereich von 170 bis 220 Hertz liegt, empfunden. Bei der Stimme handelt es sich um ein mächtiges Instrument, welches Du keinesfalls unterschätzen solltest. Erhebt ein Mensch plötzlich seine Stimme, ist das ebenso ein Warnsignal wie das unvermutete und plötzliche leise Sprechen. Deshalb hat die Stimme auch einen sehr hohen Stellenwert in allen Bereichen, in welchen Disziplin eine große Rolle spielt, etwa beim Militär oder im Bildungsbereich.

Wer eher eine dünne Stimme hat, hat es sehr viel schwerer, akzeptiert oder gar respektiert zu werden, als ein Mensch mit normaler Stimme. Weil sich das über kurz oder lang auch mit psychischen Problemen bemerkbar macht, wird in diesem Fall ein Sprechtraining oft sogar von den Krankenkassen bezahlt.

Die Mimik

Deine Gesichtsmuskeln reagieren auf jede Situation, auch wenn Du die Mimik nur schwer willentlich beeinflussen kannst. Erstaunen beispielsweise drückst Du durch hochgezogene Augenbrauen aus, während Du mit einer gerümpften Nase Verachtung zeigst und ein offenes und breites Lachen authentisch wirkt. Ziehst Du Deine Mundwinkel nach unten, zeigst Du damit Dein Missfallen oder Trauer, während Du Interesse zeigst, wenn Du die Augen weit aufreißt. Blickst Du jemanden direkt an, demonstrierst Du Interesse und zeigst Deine Konzentration, während es als absolute Respektlosigkeit gilt, wenn Du jemanden keines Blickes würdigst.

Es gibt wohl keinen Körperteil, der so viel Ausdruckskraft besitzt, wie die Augen. Nahezu auf der ganzen Welt wird es als negatives Signal betrachtet, wenn jemand mit den Augen rollt – meist drückt derjenige dadurch sein Missfallen für sein Gegenüber aus. Positiv ist es hingegen, wenn der Blickkontakt gehalten wird.

Mimik, aber auch Gestik sind auch die ersten Signale, welche Kinder an ihre Eltern senden. Hierbei handelt es sich natürlich um äußerst subjektive Signale, die von den Eltern auch nicht immer sofort verstanden werden. Natürlich gibt es einheitliche Signale, welche die Mimik ausstrahlt, allerdings hat jeder Mensch auch noch seine eigene, individuelle Mimik.

Steht etwa ein Redner auf der Bühne, kann er sehr schnell feststellen, welche Wirkung seine Worte beim Publikum erzeugen, indem er dieses genau beobachtet. Ein guter Redner ist in der Lage dazu, sein Publikum mitzureißen – sofern er authentisch bleibt. Selbstverständlich kann der Redner dabei die Mimik an die jeweilige Stimmlage anpassen. Nicht vergessen sollte ein guter Redner aber auch, öfter zu Lächeln und den Blick durch die Reihen der Zuhörer schweifen zu lassen, weil er das Publikum damit direkt und unmittelbar anspricht.

Wichtig: die positiven Signale

- große Augen stehen für Freundlichkeit, Interesse und Aufgeschlossenheit

- Interesse wird durch einen konzentrierten Blick signalisiert

- wer die Augenlider hebt, zeigt Aufgeschlossenheit und Ruhe

- eine glatte Stirn zeigt Freundlichkeit und Aufgeschlossenheit

- Aufgeschlossenheit und Freundlichkeit wird durch hochgezogene Mundwinkel gezeigt

- Sympathie und Aufgeschlossenheit werden durch einen lächelnden, geschlossenen Mund, gezeigt

Durch eine positive Mimik kannst Du Dich übrigens selbst positiv beeinflussen.

Die Gestik

Durch Gestik stellst Du Gefühle, Situationen oder Dinge bildhaft dar. Die Gestik, also das Reden mit Händen und Füßen, wird immer dann genutzt, wenn die richtigen Worte fehlen. Beispielsweise zeigen Menschen die Größe eines Objekts gern mit den Händen auf. Gestik kommt aber auch zum Einsatz, wenn das eben Gesagte unterstrichen werden soll, weil dadurch ein gewisser Nachdruck entsteht. Einerseits wird die Gestik stark von der jeweiligen Kultur geprägt, sie hängt aber auch vom eigenen Temperament und der Persönlichkeit ab. Während die Menschen in Mittel- und Nordeuropa eher als zurückhaltend gelten, sind Südländer äußerst temperamentvoll.

Die positiven Signale der Gestik

- eine offene Armbewegung, die oberhalb der Körpermitte ausgeführt wird, signalisiert Sicherheit und Wohlsein

- in einem Gespräch kommen ausladende Bewegungen, die das Gesagte unterstreichen, gut an, sofern Du nicht übertreibst

- eine Bitte kannst Du dadurch unterstreichen, dass Du die Hände wie zum Gebet faltest und leicht senkrecht bewegst

- hältst du die Arme zwischen dem Bauchnabel und der Gürtellinie, wobei Du die Hände locker zusammenlegst, strahlst Du damit Sicherheit und Souveränität aus

- hältst Du die Hände auf Höhe der Brust, wobei die Innenflächen nach oben gerichtet sind, signalisierst Du damit eine Frage

- reibst Du das Kinn, bist Du entweder nachdenklich oder zufrieden

Die negativen Signale der Gestik

- wippst du mit dem Fuß, wirkst Du arrogant oder unsicher

- sämtliche Gesten, die mit geschlossenen oder versteckten Handinnenflächen ausgeführt werden, gelten als negativ

- verbirgst Du die Hände lang hinter Deinem Rücken, wirkst Du entweder arrogant oder unsicher

- mit verschränkten Armen zeigst Du entweder Unsicherheit, eine große Anspannung oder Abschottung

- klammerst Du Dich während eines Vortrags krampfhaft ans Rednerpult, wirkst Du unsicher

- faltest Du die Hände, wobei sich die Spitzen Deiner Finger berühren, wirkt das überheblich

- reibst Du die Hände länger, obwohl es draußen nicht kalt ist, zeigt das innere Unruhe oder Unsicherheit

- trommelst Du mit den Fingern auf dem Tisch, demonstrierst Du damit Ungeduld und Anspannung

- wenn Du ein Spitzdach mit den Fingern formst, dessen Spitze auf Dein Gegenüber zeigt, signalisierst Du damit Ablehnung

- hältst Du die Hand hinter dem Ohr, sagst Du damit Deinem Gegenüber, dass er lauter sprechen soll, bist Du dem Gegenüber nicht wohl-gesonnen, demonstrierst Du dagegen mangelnden Respekt und Arroganz

Auf die Kombination kommt es an

Schon wenige Augenblicke reichen aus, bis sich Dein Gegenüber entschieden hat, ob Du ihm sympathisch bist oder nicht. Denn innerhalb von wenigen Sekundenbruchteilen nimmt das Auge Dein Erscheinungsbild, inklusive der Körperhaltung, wahr. Ebenso rasch entscheidet das Gehirn dann über Sympathie oder Antipathie.

Wichtig für den gelungenen ersten Eindruck ist eine gute Kleidung, weil diese nach wie vor als Statussymbol gilt. In der Wahrnehmung des Menschen wird aber auch die Frisur als ein Teil der Kleidung wahrgenommen. Und auch für die Einschätzung der Persönlichkeit spielt die Frisur eine wichtige Rolle. So gelten Menschen mit kurzen Haaren als durchsetzungsstark, während lange Haare Selbstbewusstsein demonstrieren. In jedem Fall ist es wichtig, dass Du vor einem wichtigen Termin die Haare pflegst, weil ungepflegte Haare äußerst negativ ausgelegt werden. Gleiches gilt für die Kleidung und die Schuhe.

Signale werden übrigens sogar von der Farbe der Kleidung ausgesendet. Das zeigt sich schon daran, dass Herrscher und hohe Würdenträger in der Vergangenheit Kleidung in der Farbe „Rot" trugen. Der Grund: Diese Farbe steht symbolisch für Selbstbewusstsein, Stärke und Führungsqualitäten. Jedoch sollte ein Mensch nicht ausschließlich nach der Farbe seiner Kleidung beurteilt werden. Denn es kann viele Gründe haben, warum sich jemand für eine bestimmte Farbe entscheidet. Jedoch haben Forscher der Universität Kansas in einer Studie herausgefunden, dass sich aus der Farbe der Schuhe Rückschlüsse auf den Charakter eines Menschen ziehen lassen.

So steht die Farbe Grün für soziale Kompetenz, Bescheidenheit, Zuverlässigkeit und Mitgefühl. Allerdings kommt es dabei auf den Grünton an: Dunkle Grüntöne werden mit Autorität und Macht gleichgesetzt, während helle Grüntöne eher den milden Charakter eines Menschen unterstreichen.

Die Eigenschaften, die der Farbe Rot zugeordnet werden, sind neben Kraft, Dominanz und Stärke auch Selbstbewusstsein, Kreativität und Führungskraft.

Optimismus, Temperament Aufgeschlossenheit und Humor werden mit Gelb in Verbindung gebracht. Allerdings solltest Du einen giftigen Gelbton vermeiden, während Du mit Sonnengelb ausstrahlst, dass Du glücklich und jugendlich bist.

Menschen, die gern graue Kleidung tragen, stehen lieber im Hintergrund.

Wärme symbolisiert die Farbe Orange ebenso wie Lebensfreude, Warmherzigkeit und Jugendlichkeit.

Schwarz unterstreicht die Individualität, steht aber auch für Eleganz und Mystik.

Weiß symbolisiert Reinheit.

Grundsätzlich gilt, dass Männer nur ungern allzu farbige Kleidung tragen. Stattdessen machen sie ihr Outfit lieber mit einer auffälligen Uhr komplett. Frauen dagegen präsentieren sich gern farbenprächtig.

Hauptsache wohlfühlen

Ganz gleich, was Du trägst: In erster Linie kommt es darauf an, dass Du Dich in Deiner Kleidung wohlfühlst. Denn das stärkt auch Dein Selbstbewusstsein, was zwischenzeitlich auch durch verschiedene wissenschaftliche Studien erwiesen ist.

Deinen Selbstwert kannst Du also allein schon dadurch anheben, dass Du besondere Kleidung trägst, weil Du Dich darin einfach besser fühlst. Das strahlst Du natürlich auch nach außen hin aus. Viele Männer fühlen sich beispielsweise in zu formeller Kleidung oder mit Krawatte unwohl. Es gibt jedoch verschiedene Situationen, in welchen die Krawatte Pflicht ist. Es lohnt sich also durchaus für die Herren der Schöpfung, wenn sie auch im Alltag öfter einmal Krawatte tragen, damit sie sich daran gewöhnen können.

Lieber underdressed oder overdressed?

Beides ist falsch. Möchtest Du etwa auf einer Betriebsfeier im Jogginganzug erscheinen, ist das eine denkbar schlechte Idee. Denn zum einen wirst Du Dich selbst während der Veranstaltung äußerst unwohl fühlen. Zum anderen hinterlässt Du mit Deinem Auftritt einen denkbar schlechten Eindruck bei Kollegen und Chefs, der noch lange Gesprächsthema sein dürfte. Ebenso ist es, wenn Du im Paillettenkleid auf einer Poolparty erscheinst. Bist Du Dir vor einer Veranstaltung unsicher, welcher Kleidungsstil angebracht wäre, solltest Du Dich im Vorfeld nach dem Dresscode erkundigen.

Welche Körperteile senden welche Signale aus?

Unterschieden wird zwischen bewussten und unbewussten Signalen. Bei den unbewussten Reaktionen handelt es sich um Reaktionen auf Dinge, die Du soeben gefühlt oder gehört hast. Denn sowohl Dein Körper als auch Dein Gesicht reagieren auf gute oder schlechte Nachrichten ebenso wie auf Filme oder Bilder, die Du gerade siehst. Es dürfte Dir auch mit viel Übung nicht gelingen, diese unbewussten Signale zu verstecken oder zu vermeiden.

Bei bewussten Signalen dagegen handelt es sich um Körperhaltungen, die Du Dir im Lauf der Zeit antrainiert hast, wie etwa ein fester Händedruck. Dadurch, dass du die bewussten Signale erlernst, kannst Du so manche schwierige Situation im Lauf Deines Lebens meistern. Beispielsweise, wenn Du ein Bewerbungsgespräch führen oder einen Vortrag halten musst.

Die Augen

Gern werden die Augen eines Menschen als Spiegel der Seele bezeichnet. Dieses Sinnesorgan setzt sich aus zahlreichen Einzelteilen zusammen und spielt eine maßgebliche Rolle dafür, wie ein Mensch eingeschätzt wird. Diese Einschätzung hängt allerdings noch von zahlreichen weiteren Faktoren ab. Dazu gehören:

- die persönliche Einstellung

- die ethnische Herkunft

- die Erfahrungen aus der Vergangenheit

Viele Menschen tragen gerne eine Sonnenbrille. Und das nicht nur, weil sie sich vor der Sonne schützen oder cool sein wollen, sondern weil sie sich hinter den dunklen Gläsern verstecken wollen. Sie wollen nicht, dass ein anderer ihre tatsächlichen Emotionen lesen kann. Der Grund: Auch wenn der Mensch noch so sehr versucht, seine Emotionen zu verstecken – die Augen verraten ihn. Das liegt daran, dass die Augenmuskeln durch das vegetative Nervensystem gesteuert werden, welches der Mensch nicht bewusst kontrollieren kann. So verengt oder erweitert sich die Pupille, je nachdem, welcher Lichteinfall herrscht. Aber auch das Gehirn steuert die Augenmuskulatur durch jene Sinneseindrücke, die es gerade verarbeitet. So ist es durchaus möglich, aus den Augen so manche Botschaft zu lesen. Typisch sind etwa folgende Botschaften:

- bei Ekel verengen sich die Pupillen

- bei Angst weiten sich die Augen extrem

- ein tiefer Blick in die Augen bei geweiteten Pupillen zeigt Sympathie

- Wut zeigt sich in einem direkten, bösen Blick, wobei zugleich die Augenbrauen zusammengezogen werden

- geweitete Pupillen können auf Drogenkonsum hinweisen – sind die Pupillen ungleich geweitet, ist das möglicherweise ein Hinweis auf eine Krankheit

Die Nase

Weil sich die Nase selbst nicht bewegt, lassen sich damit auch nur wenige Signale senden. Beispielsweise drückst Du komplettes Missfallen durch das Rümpfen der Nase aus.

Der Mund

Mit einem offenen Mund zeigst Du Überraschung, presst Du die Lippen zusammen, bist Du in diesem Augenblick entweder verschlossen oder hoch konzentriert. Aber auch ein schüchterner Mensch presst Die Lippen oft zusammen.

Das Gesicht

Zahlreiche Muskeln befinden sich im menschlichen Gesicht, sodass dieses dazu in der Lage ist, sogenannte Mikroausdrücke zu zeigen. Diese Tatsache macht das Gesicht zu einem der aufschlussreichsten Kommunikationsmittel. Denn hier lassen sich für Außenstehende nahezu alle Emotionen ablesen.

Die Arme und Hände

In aller Regel senden die Arme, die Hände und die Finger keine einheitlichen Signale ab. Entsprechende Regungen lassen sich also mehrfach deuten. Jedoch sind die Hände als wichtigste Werkzeuge des Menschen, auch wichtige Mittel zur Kommunikation.

Wer die Hände zusammenpresst, während er die Arme steif hält, zeigt, dass er verärgert oder frustriert ist oder in Abwehrhaltung geht. Als Abwehrgeste gilt auch die sogenannte Igelstellung, also wenn verknotete Finger aufgestellt werden.

Wenig vertrauenswürdig erscheinen Menschen, die ihre Hände verstecken. Das kann beispielsweise hinter dem Rücken oder in der Hosentasche sein. Im Gegensatz dazu zeugt es von Kooperationsgemeinschaft, wenn die Hände nach oben gerichtet sind, wobei die Handflächen offen bleiben

Während ein kräftiger Händedruck für Sympathie, Offenheit und Kompetenz steht, gilt ein kraftloser Händedruck als Zeichen für Schwäche und Unsicherheit. Aber auch die Art des Händeschüttelns sagt etwas aus: Wer bei der Begrüßung die Hand so schüttelt, dass sein Daumen auf das Handgelenk des Gegenübers drückt, signalisiert damit, dass es sich um eine dominante Persönlichkeit handelt.

Die Beine

Die Beine des Menschen stehen für dessen Standfestigkeit, was auch aus der Redensart „Mit beiden Beinen im Leben stehen" ersichtlich ist. Wechselst Du in einem Gespräch ständig das Standbein, signalisierst Du Deinem Gegenüber „Flucht", während Du offensichtlich einen Drang zur Aktivität verspürst, wenn Du das Gewicht auf die Ballen verlagerst. Legst Du Dein Gewicht dagegen auf die Fersen, zeigst Du damit an, dass Du Dich zurückziehst.

Aber nicht nur die Haltung der Beine gibt Aufschluss über die Gemütslage, sondern auch die Gangart. Gehst Du dynamisch, zeigst Du damit Außenstehenden, dass Du selbstsicher bist, Ausdauer besitzt und einen starken Willen hast. Menschen mit einem dynamischen Gang sind deshalb im Berufsleben oft erfolgreicher – einfach weil ihnen mehr zugetraut wird.

Ob Du kleine oder große Schritte machst, ist hingegen ein Hinweis darauf, wie risikofreudig Du bist. So deutet es darauf hin, dass Du sorgfältig und vorsichtig bist, wenn Du kleine und sichere Schritte machst, dafür ist jedoch Deine Risikobereitschaft geringer. Machst Du dagegen große Schritte, wirkt das unsicher.

Wie erkennst Du Emotionen?

Bei Emotionen handelt es sich um Reaktionen auf körperliche oder geistige Eindrücke. Anders als die Stimmung, treten Emotionen nur kurz auf, sind dafür aber sehr intensiv. In der Wissenschaft unterscheidet man zwischen zehn Arten von Emotionen. Diese sind:

- Furcht

- Überraschung

- Schamgefühl

- Schuldgefühle

- Verachtung

- Freude

- Zorn

- Leid

- Interesse

- Widerwillen

Erzeugt werden Emotionen durch Bilder, aber auch durch Ereignisse, die in der Vergangenheit stattgefunden haben oder sich gerade erst ereignen. Sobald etwas Bekanntes von den Sinnen wahrgenommen wird, kehren auch die Erinnerungen stets zurück. Eine wichtige Rolle im Hinblick auf Emotionen spielt aber auch die emotionale Intelligenz eines Menschen. Mit diesem Begriff bezeichnet man die Fähigkeit, eigene und fremde Gefühle wahrzunehmen, diese zu verarbeiten und schließlich aktiv zu beeinflussen.

Glück und Unglück

Bei Menschen, die eine negative Lebenseinstellung haben, verheilen unter anderem Operationsnarben langsamer als bei Menschen mit einer positiven Einstellung. Charakteristisch für negative Menschen ist die Tatsache, dass sie viel „seelischen Ballast" mit sich schleppen.

Dagegen sind die Heilungserfolge von Krebspatienten mit einem gesunden familiären Umfeld erstaunlich groß, wenn diese sich auch ausreichen Ablenkung von ihrer Krankheit gesucht haben und dem Leben gegenüber generell positiv eingestellt waren.

Im Hinblick auf eine positive oder negative Lebenseinstellung geht es oft lediglich darum, kleine Gesten, die scheinbar unbedeutend sind, richtig zu interpretieren. Denn scheinbar kleine Gesten können massive Auswirkungen auf das eigene Leben haben.

List und Tücke durchschauen

Während manche Menschen lügen, verfolgen andere Hintergedanken, was für das Umfeld nicht angenehm ist, sich in aller Regel aber leicht durchschauen lässt. Denn die Wahrheit lässt sich durch sogenannte „Embleme" erkennen. Dieser Begriff bezeichnet die Tatsache, dass die Wahrheit in Form einer körperlichen Reaktion kurzzeitig aufblitzt. Diese Reaktion läuft unterbewusst ab, kann vom Lügner also nicht gesteuert werden.

Eine Lüge lässt sich aber auch anhand der Blickrichtung erkennen: Blickt der Lügner bei seiner Aussage nach oben links, handelt es sich in den meisten Fällen um eine Lüge, geht die Blickrichtung hingegen nach rechts, ist die Aussage in aller Regel wahr.

Die Wahrheit kannst Du aber auch ganz einfach erkennen, wenn Du dem Lügner die entsprechende Frage stellst. Antwortet Dir Dein Gegenüber direkt und spontan, hat der Betreffende eindeutig die Wahrheit gesagt. Antwortet er Dir hingegen nach einiger Überlegung ausweichend, war es eindeutig eine Lüge.

Männer und Frauen – ein kleiner, großer Unterschied

Im Lesen der Körpersprache sind Frauen Männern ganz eindeutig überlegen. Der Grund dafür liegt schlicht darin, dass ihr Gehirn mehr arbeitet. Denn während bei Frauen während eines Gespräches bis zu 16 Gehirnareale aktiv sind, sind es bei Männern lediglich bis zu sechs.

In der Vergangenheit wurden Frauen stets so dargestellt, dass sie den Beschützerinstinkt ihres Ernährers wecken sollten. Trotz Emanzipation ist diese Rollenverteilung bis heute aktuell. Denn wenn Frauen mit Männern sprechen, neigen sie unbewusst oftmals den Kopf zur Seite. Dadurch präsentieren sie dem Mann die schwächste Stelle ihres Körpers, nämlich die Halsschlagader. Der Grund: Dadurch wird der Beschützerinstinkt des Mannes geweckt. Negativ ist das im Geschäftsleben, weil hier das Neigen des Kopfes als Unterwürfigkeit ausgelegt wird.

Typisch für Frauen ist außerdem, dass sie sich in stressigen Situationen zurückziehen, während Männer auf Angriff gehen, weshalb die Körpersprache von Frauen in aller Regel passiv ist. Hinzu kommt, dass Frauen lieber auf Kompromisse als auf Konfrontationen setzen. Im Privatleben ist dies durchaus hilfreich, weil die Mutter oft die Vermittlerin zwischen den Interessen der verschiedenen Familienmitglieder ist. Diese kommunikative Stärke stellt sich jedoch im Berufsleben allzu oft als Hindernis dar, weil es die beruflichen Aufstiegschancen der Frau mindert.

Typische Fehler von Frauen

Zwar sieht es niedlich aus, wenn Du kleine Schritte machst. Andererseits wirkst Du dadurch aber auch hilflos und kommst auch nicht recht voran – auch nicht in Deinem Umfeld. Denn kleine Bewegungen werden als hektisch und unsicher betrachtet. Und auch in der Kommunikation machen Frauen so manchen Fehler. Grundsätzlich sollten Menschen in der Kommunikation eher das Positive durch Gesten unterstreichen, die meisten Menschen unterstreichen jedoch das Negative. Das bedeutet: Eine Frau sollte klar unterstreichen, dass sie von dem, was sie gesagt hat, auch überzeugt ist. Dazu gehört neben der aufrechten Körperhaltung und dem Augenkontakt auch eine Gestik mit offenen Handflächen. Frauen machen jedoch oft den Fehler, dass sie mit lockeren Handgelenken gestikulieren, was unsicher, also negativ, wirkt.

Die eigenen Fehler erkennen

Weil sie unterbewusst zierlich erscheinen wollen, halten Frauen die Knie zusammen, wenn sie sitzen oder sie schlagen die Beine übereinander und legen die Hände in den Schoß. Oft halten sie dann auch noch die Arme eng am Körper. Dadurch wirken sie jedoch unsicherer als Männer, die mit gespreizten Beinen sitzen und ausladende Bewegungen machen – sie wirken also per se schon wichtiger und größer.

Typisch Mann

Dass Männer weniger sprechen als Frauen ist beileibe nicht nur ein Klischee, sondern inzwischen auch erwiesen. Dafür kommunizieren Männer weit mehr über ihre Körperhaltung, die Mimik und die Gestik als eine Frau. Gestikuliert ein Mann während eines Gesprächs viel mit seinen Händen, zeigt er damit sein Interesse, während es ein Zeichen von Nervosität ist, wenn er ständig an seinem Bart oder an den Haaren nestelt.

Auch wenn Männer insgesamt wesentlich weniger gestikulieren als Frauen, so gibt es doch einige Signale, die nahezu allen Männern gemein sind. Dazu gehören neben gewissen Gesichtsausdrücken auch Gesten wie den Kopf zu neigen. Darüber hinaus suchen Männer im Gespräch in aller Regel die direkte Konfrontation und zeigen mit dem Finger auf ihr Gegenüber. Natürlich entwickelt aber auch jeder Mann – ebenso wie die Frau – im Laufe seines Lebens eine ganz individuelle Körpersprache. Zu den typischen Elementen der männlichen Körpersprache gehört, dass sie die Beine beim Sitzen offen und breit übereinander schlagen. Hierbei handelt es sich um eine äußerst dominante Sitzposition, welche Stärke signalisiert. Allerdings nicht in jeder Situation. Während einer geschäftlichen Besprechung gilt diese Sitzposition vielmehr als arrogant und unhöflich.

Sind Männer die besseren Lügner?

Zu den typischen Vorurteilen gegenüber Männern zählt die Aussage, dass sie mehr lügen als Frauen, während diese gern darauf hereinfallen. Das stimmt durchaus und wird auch immer wieder diskutiert, wenn es um die Benachteiligung von Frauen in der Arbeitswelt geht. Das liegt daran, dass die meisten Männer unbewusst mehr Kompetenz in Sachen Körpersprache besitzen als Frauen.

Dass Frauen in vielen Bereichen von Männern ausgebootet werden, liegt also vielmehr daran, dass die Körpersprache von Männern sehr dominant ist. Denn sie verringern die Distanz gerne, werden schneller laut und nehmen auch gern viel Platz im Raum ein. Frauen wählen in den meisten Fällen den Rückzug, weil ihnen dies unangenehm ist. Denn Frauen empfinden ein Zuviel an Nähe als Bedrohung und als Verletzung ihrer Wohlfühlzone. Dabei unterscheiden sie zwischen drei verschiedenen Distanzzonen:

- Die Intimzone beträgt eine Armlänge und ist nur den engsten Vertrauten vorbehalten.

- Die persönliche Zone hat eine Distanz von etwa 1,20 Metern und ist für Freunde und Familienmitglieder reserviert.

- Die soziale Zone hat eine Distanz von 1,20 Metern bis drei Metern und gilt für alle anderen Personen.

Die Körpersprache des Mannes hat sich im Lauf der Jahrhunderte nicht wirklich geändert, wie auch an künstlerischen Darstellungen aus vergangenen Jahrhunderten gezeigt hat.

Schwule, Lesben und das Dritte Geschlecht

Es gibt sehr wohl eine gewisse Grundkörpersprache, die von jedem Menschen situationsabhängig genutzt wird. Neben den persönlichen Signalen gibt es auch standes- und berufsspezifische Unterschiede sowie die Körpersprache von Lesben, Schwulen und dem Dritten Geschlecht, die teilweise dem anderer Menschen entspricht.

Lesben

Viele Lesben verhalten sich wie Männer und erscheinen auch sehr maskulin. Sie halten sich fast ausschließlich in Gesellschaft von Frauen auf, bevorzugen markige Kurzhaarschnitte und tragen mit Vorliebe Männerkleidung. Bezüglich der Körpersprache unterscheiden sie sich jedoch anderweitig nicht von der großen Masse.

Schwule

Charakteristisch für Schwule ist, dass sie oft einen sehr femininen Gang haben und eine feminine Gestik kultivieren, aber eben nicht alle. Kleidungsmäßig bevorzugen Schwule bunte Farben und sie gestikulieren beim Sprechen stärker mit ihren Händen als heterosexuelle Männer. Dabei bewegen sie die Hände oft von oben nach unten. Gemeinhin gelten Schwule als direkter und ehrlicher als andere Menschen.

Das dritte Geschlecht

Jene Menschen, die nicht eindeutig als Frauen oder Männer geboren wurden, werden in Europa als drittes Geschlecht bezeichnet. In Südasien werden Menschen dieses Geschlechts als Transgendermenschen, Intersexuelle oder Eunuchen bezeichnet. Sie sind offiziell anerkannt, wobei sie weder als vollkommen männlich noch vollkommen weiblich bezeichnet werden. Sehr viele Betroffene unterziehen sich einer Totalkastration, um zu verhindern, dass ihr Körper weiter vermännlicht.

Insbesondere in Thailand fällt es schwer, Frauen von Vertretern des dritten Geschlechts zu unterscheiden, weil sie eine typisch weibliche Mimik und Gestik entwickelt haben. Im südostasiatischen Raum ist das

dritte Geschlecht – ebenso wie in Australien und Neu-
seeland – von den Behörden offiziell anerkannt worden.
In Deutschland ist die Lage etwas anders: Hier sieht
man davon ab, die Betroffenen als Mann oder Frau zu-
zuordnen. Vertreter des dritten Geschlechts lassen sich
hierzulande nicht unbedingt als solche erkennen. Denn
die Betroffenen kleiden sich weiblich und treten grundsätzlich als Frau auf. Dazu gehört natürlich auch die
entsprechenden Körperhaltung, Gestik und Mimik, die
sich somit nicht oder nur kaum von jener einer Frau
unterscheiden lässt. Sofern sie in einer Partnerschaft
leben, leben sie in den weitaus meisten Fällen mit einem
heterosexuellen Mann zusammen.